Almanach 10 für Literatur und Theologie

Almanach 10 für Literatur und Theologie

Thema: ZÄRTLICHKEIT

Herausgegeben von Adam Weyer

Mit einer Anthologie lateinamerikanischer Gegenwartspoesie LIEBE–BEFREIUNG

Herausgegeben von Kajo Niggestich

Peter Hammer Verlag

Gesamtredaktion: Hermann Schulz

Umschlag: Winkelschmidt / Heseler & Heseler
Gesetzt in der Linotype Garamond
Druck: F. L. Wagener, Lemgo
Buchbinderei: Klemme & Bleimund, Bielefeld
ISBN: 3 87294 519 X

Inhalt

Zu dieser Ausgabe des Almanach

Nach einer Serie von politisch und sozial brisanten Themen (Tod in der Gesellschaft, Gewalt, Revolution und Liebe – Liebe und Revolution, Angst, Die Stadt) haben wir für die 10. Ausgabe des »Almanach« ein für viele überraschendes Thema gewählt, das aber schnell Zustimmung fand und – wie sich erweist – nicht weniger politische und soziale Brisanz enthält. Abweichend vom bisherigen Redaktionsprinzip haben wir zugunsten der Sachbeiträge und der Geschlossenheit des Lyrik-Teils auf Erzählungen verzichtet; nicht zuletzt aus akutem Mangel an überzeugenden Beispielen deutscher Prosa zum Thema Zärtlichkeit. Der Leser findet in dieser Ausgabe auch keine deutschsprachigen Lyriker, sondern eine in sich geschlossene Anthologie lateinamerikanischer Gegenwartspoesie zum Thema »Liebe – Befreiung«. Hinter dieser Entscheidung der Redaktion steht die Erkenntnis, daß der lateinamerikanische Kontinent überaus reich ist an einer politisch wie erotisch vitalen Poesie, die hierzulande völlig unbekannt ist. Deshalb schien uns diese Anthologie ein gutes Gegengewicht zum ersten Teil der Sachbeiträge zu sein – und eine gute Ergänzung mit überraschenden Perspektiven. Hinzu kommt, daß wir hoffen, auf diese Weise die »Brauchbarkeit« und den »Nutzwert« des Almanach zu erhöhen.

Die Redaktion

Dieter Lamping: Was ist Zärtlichkeit?

Ein Thema für Lyriker und Pornographen? Es scheint so, denn wer keines von beiden ist, hat es schwer. Er kann sich der Sache nähern, aber je näher er ihr kommt, desto mehr entzieht sie sich seinem Zugriff. Sobald man das Wort ausgesprochen hat, scheint sich sein Sinn zu verflüchtigen.
Was ist Zärtlichkeit?
Ein Anlaß zur Ratlosigkeit. Man konsultiert ein Wörterbuch (Wahrig) und erfährt: Zärtlichkeit ist Liebkosung, liebevolle Berührung, zärtliches Wesen, zärtliche Beschaffenheit, Zärtlichsein. Zärtlich wiederum ist liebkosend, liebevoll, lieb und anschmiegsam, Liebkosungen suchend und gern gebend. Das Verb heißt zärteln, und wer sich verzärtelt, ist ein Zärtling.
Nachdem man auf diese Weise seinen Wortschatz erweitert hat, fragt man sich, was das gebracht hat. Antwort: etwas mehr als nichts.
Man kennt zwar eine Handvoll Synonyme für Zärtlichkeit, aber sie alle reichen offensichtlich nicht aus, um die Bedeutung des Wortes abzudecken. Zärtlichkeit ist mehr als die Summe seiner Synonyme.
Was aber ist Zärtlichkeit?
Man könnte es mit einer Beschreibung versuchen: wann, wo und wie sie auftritt. Aber das wäre nur eine Beschreibung, keine Erklärung.
Man könnte versuchen, den Begriff einzukreisen, indem man ihn mit verwandten Begriffen umstellt. Liebe: Agape, Eros, Sexus – all das hat mit Zärtlichkeit zu tun, und Zärtlichkeit hat mit alldem zu tun. Aber es fällt schwer, sie genauer einzuordnen und abzugrenzen. Die grobe Unterscheidung gelingt noch, aber die Übergänge bereiten schon wieder Kopfzerbrechen. Bis wohin ist Zärtlichkeit Zärtlichkeit, und wo fängt sie an, Sex zu werden? Zu dünn sind die Trennlinien. Um sie schärfer ziehen zu können, müßte man bereits wissen, was Zärtlichkeit ist. Ein Teufelskreis.
Was ist Zärtlichkeit?
Ein semantisches Rätsel. Am abwegigsten muten neben den pornographischen noch die wissenschaftlichen Erklärungsversuche an. Es gibt Ausnahmen, Freud zum Beispiel – obwohl er strenggenommen nicht sagt, was Zärtlichkeit ist, sondern was sie nicht ist. Weniger gelungene Definitionen erwecken den Eindruck, als würden sie nur schwer bestimmbare Restbestände etikettieren.

Man hat ohnehin das Gefühl, daß Äußerungen über Zärtlichkeit mehr in den Bereich der Literatur gehören – wie viele Dinge, bei denen man nicht weiß, ob man Erinnerungen an sie hat oder Vorahnungen von ihnen.

Merkwürdig: es gibt ein Wort für etwas, von dem man nicht genau sagen kann, was es ist. Man kann seinen Sinn nicht dingfest machen; höchstens in der Verdinglichung und Pervertierung – aber da ist Zärtlichkeit schon nicht mehr, was sie ist.

Und was ist sie, wenn sie ist, was sie ist?

Nur soviel steht fest: man braucht sie. Und es gibt sie sicher nicht an sich. Zärtlichkeit ist ein Begriff, ein geistiges Destillationsprodukt. Alle Versuche, sie aus dem Zusammenhang der Liebe zu lösen, sind Absonderungen von Dampf, wo Wasser verlangt wird. In dieser dunstigen Atmosphäre kann es leicht passieren, daß man Zärtlichkeit mit ihrer Sublimation verwechselt.

Dabei gibt es keine Zärtlichkeit ohne Zärtlichkeiten – wenn auch Zärtlichkeiten noch keine Zärtlichkeit sind. Auf diesem schmalen Grat balancieren alle einschlägigen Gruppentherapien. Kein Wunder, wenn sie Reinfälle werden. Die bloße Existenz dieser Balanceakte verrät, was wir ahnten: daß Zärtlichkeit fehlt. Und das ist der springende Punkt.

An dieser Stelle beende ich das Täuschungsmanöver und erkläre: Mein Annäherungsversuch war in Wirklichkeit ein Entfremdungsversuch. Natürlich weiß jeder, was Zärtlichkeit ist, und viele können sie beschreiben, aber keiner kann sie erklären. Unsere Ausdruckskraft scheint hier ein Loch zu haben, doch in Wirklichkeit fehlt es nur an Erfahrung. Jeder kennt Zärtlichkeit, und keiner kennt sie so genau, daß er sie erklären könnte. Es gibt sie zu selten.

Das sollte man erwähnen, wenn man heutzutage über Zärtlichkeit schreibt. Die Selbstverständlichkeit, mit der manche über sie sprechen, trübt nur den Blick für ihr kümmerliches Dasein. Und die Behendigkeit, mit der andere Lösungen anbieten, entschärft nur das Bewußtsein für die Tiefe des Problems. Der Mangel an Zärtlichkeit steht im Zusammenhang unserer ganzen emotionalen und seelischen Misere.

Ich werde mich hüten, hier Rezepte zu verschreiben (das werden andere nach mir tun). Ich wollte nur auf ein Erscheinungsbild aufmerksam machen.

Deshalb werde ich auch nicht noch einmal fragen, was Zärtlichkeit ist. Wen die Antwort wirklich interessiert, der wird sich nicht bei dem Wort aufhalten.

Hugo Kükelhaus: Gehen · Fühlen · Riechen · Sehen · Hören · Schmecken

Hugo Kükelhaus

Stelle Dir vor, male Dir aus,

Du müßtest mehrere Kilometer über eine schnurgerade Autobahn laufen. Die Bahn ist glatt. Kein Stein liegt im Wege. Der Tag ist hell. Am Ende dieser öden Tippelei bist Du schachmatt.

Wie anders aber wird es Dir ergehen, wenn Du dieselbe Strecke durch einen Wald zurücklegst? Der Weg ist keineswegs glatt und eben. Es geht auf und ab über Stock und Stein. Der Pfad ist gewunden und schlüpfrig. Du mußt häufig springen und Dich bücken. Du mußt Deine Augen offenhalten. Die Ohren spitzen. Du bist ständig voll in Anspruch genommen. Am Ende des Weges voller kleiner Abenteuer, bist Du wie neu geboren...

Die Folgerung aus dieser Erfahrung: Wo kein Wagnis, da kein Gewinn. Wo kein Spiel, da kein Leben.

Das Licht

Wo kein Wagnis, da kein Gewinn.
Wo kein Spiel, da kein Leben.

Mache ein Experiment. Besorge dir eine weiße Kunststoffkugel; etwa 30 cm Ø. Leuchte sie von mehreren Seiten so stark an, daß sich an keiner Stelle auf ihrer Oberfläche ein Schatten zeigt. Erfolg: Sie ist nicht mehr als Kugel erkennbar. Leuchte dieselbe Kugel von einer Seite aus mit einer Kerze an. Erfolg: sie erscheint deutlich als das, was sie ist: als Kugel. Der Grund: Infolge des Schattens und des flackernden Kerzenlichtes war das Auge ähnlich beansprucht, als ich statt auf der hindernislosen Fahrbahn, mich durch die Büsche zu schlagen hatte.

Folgerung: Licht ist nicht einfach gleich = HELLIGKEIT.

Licht ist ein Spiel zwischen HELL und DUNKEL.

Nur, wenn das Auge dieses Spiel mitspielen kann, kann es sehen.

Darum: Versammle dich mit deinen Freunden um das Licht einer Kerze oder eines Feuers. Du wirst sehen: Jeder, der herumsitzt, erscheint dir in einem ganz neuen Lichte. Er bekommt plötzlich ein GESICHT ...

Das Gehen

wird zu einer ungeheuren Anstrengung, wenn man versucht, im Zeitlupentempo zu gehen. Versuche einmal, einen einzigen Schritt in nicht weniger als sechzig Sekunden zu machen. Es gelingt nur, wenn man sich dabei auf die Schultern eines Vordermannes stützt.

Das normale Gehen verläuft als eine Schwingung.

Man gehe über eine Schiene. beobachte dabei aufmerksam: man hält nur solange die Balance, wie man nicht auf den Punkt starrt, auf den der nächste Schritt aufsetzen soll. Man geht nur dadurch sicher auf der Schiene, daß man zugleich in der Gehrichtung in die Ferne schaut.

Barfuss zu fuss.

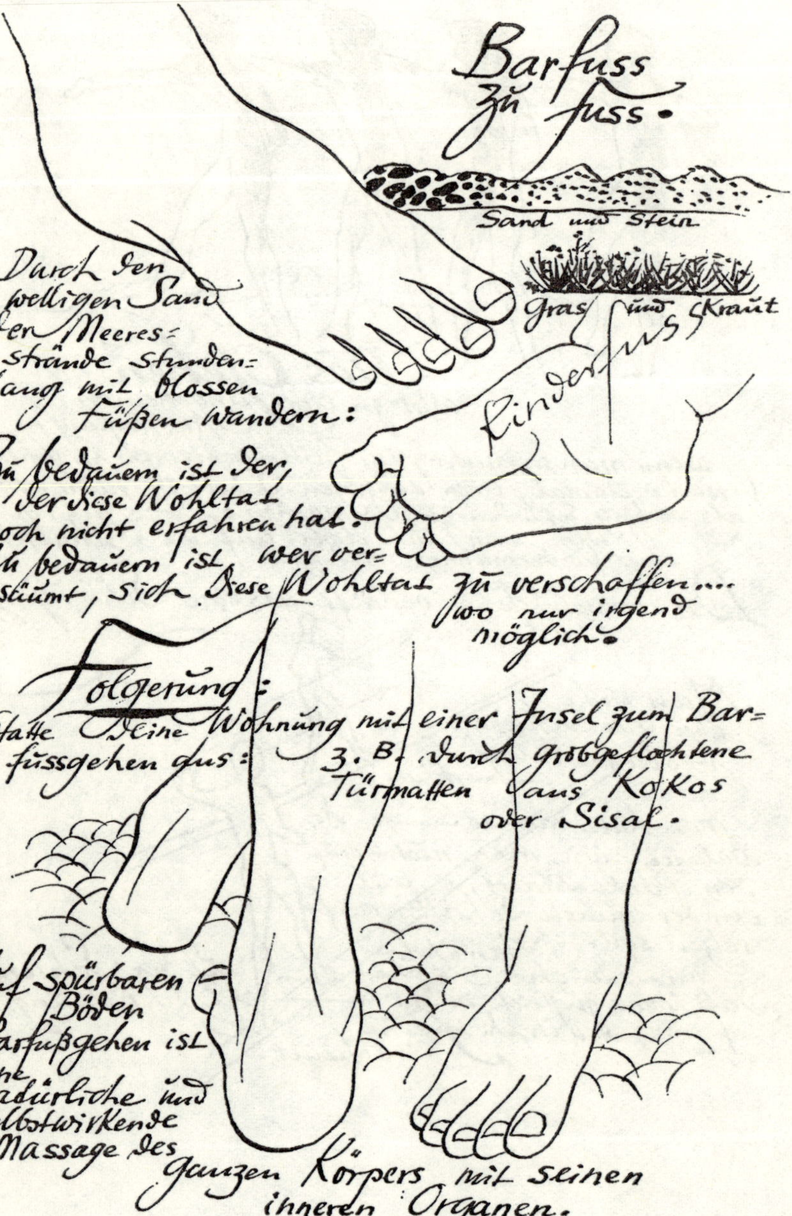

Durch den welligen Sand der Meeres-strände stundenlang mit blossen Füßen wandern:

Zu bedauern ist der, der diese Wohltat noch nicht erfahren hat.
Zu bedauern ist, wer versäumt, sich diese Wohltat zu verschaffen... wo nur irgend möglich.

Folgerung:

Statte Deine Wohnung mit einer Insel zum Barfussgehen aus: z. B. durch grobgeflochtene Türmatten aus Kokos oder Sisal.

Auf spürbaren Böden barfußgehen ist eine natürliche und selbstwirkende Massage des ganzen Körpers mit seinen inneren Organen.

Kann man mit den Füssen fühlen?

Kann man mit den füssen tasten? Man kann es. Es bereitet sogar ein besonderes Vergnügen. Man muß es nur ein wenig üben. Am besten mit anderen zusammen: als Gesellschaftsspiel. Selbstverständlich mit verbundenen Augen.

Es werden Gegenstände über den Boden verstreut. Es gilt, durch Tasten mit den Zehen zu erraten, um was es sich handelt.

Besonders spannend wird das Spiel, wenn aus einem Haufen von Buchstaben aus Kunststoff, Metall oder Sperrholz die Buchstaben herauszufischen sind, die, hintereinander gesetzt, ein vorher aufgegebenes Wort bilden.

ƎIRTƎMMYƧ | SYMMETRIE

Der menschliche Körper gehorcht einem wunderbaren Wechselverhältnis und Wechselspiel von Rechts und Links.

Erprobe es: Schreibe mit dem rechten erhobenem Arm irgendeine Figur in die Luft: den linken Arm lasse unbeeinflusst folgen: er wird „automatisch" in spiegelbildlicher Umkehrung die gleichen Bewegungen vollführen wie der rechte Arm. Schreibe nach dieser Übung mit Kreide oder Kohle mit beiden Händen zugleich an eine Wand. Was man auf diese Weise hinspielt, entspricht jeweils dem Zustand, der Stimmung und dem Charakter des Schreibenden. Spiele das Spiel zu mehreren. Man kann auf diese Weise auch spiegelbildlich schreiben.

Das Echo

Klatsche in die Hände,
wenn du eine Höhle betrittst –
rufe hinein,
rufe in den Wald, in einen
Brunnen, in eine Felsenschlucht
und lausche.
Die Welt antwortet.
Wir nennen es Echo.
Das Echo sagt dir:
Du bist nicht allein!

Stecke deinen Kopf
in einen Eimer oder
in irgendein ähnlich
großes Loch und
Summe
im tiefsten dir möglichen Ton.
Summe so tief oder so hoch,
bis du das Gefühl hast: Das ist mein und nur mein
Ton. Er vibriert durch den ganzen Körper und tut sehr wohl.

Klingende Steine

Stein auf Stein geschlagen, ergibt einen wundervollen Klang. Man legt eine Anzahl kreisförmig um sich herum. Jeder Stein hat einen besonderen Klang. Man schlägt mit einem Schlagstein keine Melodien, sondern ausschließlich Rhythmen.

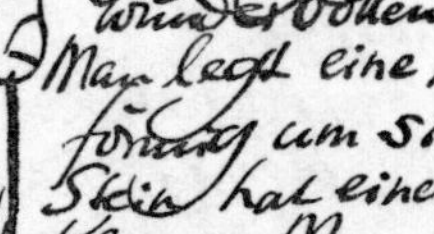

Man benötigt unbearbeitete rohe Felsbrocken oder Findlinge. (harter Kalksandstein oder Diabas z. B.)

Die Steine müssen auf Eisenstützen oder anderen spitzen Steinen aufgelagert sein. Die Stützpunkte (drei genügen) sind die Punkte, in denen der Stein die geringste Schwingung hat (Interferenzpunkte). Durch Ausprobieren muß man sie ermitteln.

Einen Brotfladen backen
aus 3/4 Weizen= und 1/4 Roggen=Korn
Weizenähre
1
Das Korn wird unmittelbar vor dem Backen gemahlen. Entweder mit einer Handgetreidemühle oder mit einer alten Kaffeemühle: zu mittelfeinem Schrot.
2
Sogleich anschließend mit Wasser vermengt: auf 100 gr. 4 (bis 5) Eßlöffel Wasser. Nach Belieben etwas Salz.
3
In einer Schüssel mit einem Löffel anrühren. Danach den Brei zu einem apfelgroßen Ballen kneten. Nicht zu feucht: sonst brennt er an. Den Ballen mit einer Gabel in einer Eisenpfanne ausstreichen.
Ballen
Dünn wie Knäckebrot.
4
Auf mittlerer Hitze ca. 6 min. nur von einer Seite (von unten) backen.
Merke: im Duft sind viele Lebensstoffe. Riechend atmet man sie ein.
HITZE
Gas. Kohle. Elektro.

F. D. E. Schleiermacher: Das Zarteste und Schönste in der Lebenskunst

Man soll nicht annehmen, daß unter gesitteten Menschen jede etwas lebendige Vorstellung gleich durch die Phantasie zu einem Reizmittel für die Begierde umgebildet wird; man soll nicht glauben, daß sie unfähig sind, aus dem Schönen etwas Besseres zu machen als einen Übergang zur wilden Lust; man soll nicht glauben, daß nur über diesen Gegenstand jeder schalkhafte Scherz und jede witzige Andeutung den eigentlichen Eindruck verfehlt, so daß der Reiz des Spieles verlorengeht und jeder unvermeidlich bei dem Stoff stehenbleibt, mit welchem gespielt wird. Das erste, was notwendig ist, um die Sache in diesen besseren Gang zu bringen, ist die Hilfe der Frauen; nicht nur weil alles, wovon sie sich entfernen, roh werden muß, sondern auch, weil von ihnen, in denen die Scham als in ihrem schönsten Heiligtum wohnt, auf die hierbei immer vorzüglich gesehen wird und in denen jede Verbindung zwischen dem Innern und Äußern so viel zarter und feiner ist, der Beweis ausgehen muß, daß es mit diesem verbotenen Verkehr der Vorstellungen und der Sinne so arg nicht ist, als die meisten befürchten; sie sind es, die durch die Tat alles dasjenige heiligen müssen, was bis jetzt durch falschen Wahn geächtet war. Nur wenn sie zeigen, daß es sie nicht verletzt, kann das Schöne und der Witz freigegeben werden. Nächst ihnen ist das einzige, was den Menschen zu einer richtigen Anschauung von dieser Sache verhelfen kann, die Kunst, wenn sie dasjenige, was sein soll und darf, in ihren Werken hervorbringt. Die bildenden Künste können sich Momente der Liebe zu ihren Darstellungen wählen und so beweisen, daß es auch hier eine Schönheit gibt, die den Gegenstand würdig ausdrückt und einhüllt, ohne das Gefühl zu verletzen und die Leidenschaft loszulassen. Besonders aber haben viele Gattungen der Poesie den eigensten und nächsten Beruf zu zeigen, wie sich innerhalb der Grenzen des Schönen die beiden entgegengesetzten Arten der Schamhaftigkeit vereinigen lassen. Die Poesie bringt den Menschen in Gesellschaft mit ihren Werken, er soll in ruhiger Betrachtung und freier Anschauung ihre Bildungen genießen, und sie darf also kein anderes und fremdes Verlangen in ihm absichtlich oder ungeschickt erregen, welches diesen Genuß zerstören würde.

Wenn nun auf der anderen Seite für viele ihrer Werke die Liebe der höchste Gegenstand ist, von denen sie ganz durchdrungen sein sollen, so darf nichts fehlen, was denen natürlich und eigen ist, die in diesem Gefühl leben, und nichts Kaltes und Totes dort dargestellt werden, was sie beleidigen könnte. Hier gilt es also das ganze schwierige Gebiet nach allen Seiten zu durchstreifen, ohne über seine Grenzen auszuweichen, und dadurch kann der eigentliche Umfang desselben am klarsten dargestellt werden. Dichtungen, die dies leisten, sind nicht nur an sich schön und wünschenswert, sondern sie tun uns auch not, um durch ihr Beispiel den rechten Takt und Ton wiederherzustellen für dasjenige, was das Zarteste und Schönste ist in der Lebenskunst.

Friedrich Daniel Ernst Schleiermacher (1768–1834):
Vertraute Briefe über Friedrich Schlegels Lucinde

Kurt Marti: Theologie der Zärtlichkeit?

Notizen

Heinrich Böll hat eine »Theologie der Zärtlichkeiten Maria Magdalenas« gefordert, die möglicherweise »eine Theo-Pornologie« wäre, vor der selbst »die krassesten Schilderungen der Underground-Lyrik verblassen würden«. Der Vorschlag konnte nur dem Kopf eines Dichters entspringen. Theologie, krampfhaft bemüht, sich im Kreise der akademischen Wissenschaften zu halten und zu legitimieren, hat andere Sorgen. Von Zärtlichkeit könnte wohl nur eine Theopoesie sprechen. Zärtlichkeit ist gelebte Poesie. Sie teilt sich nicht in Begriffen, eher in Bildern, oft glossolalisch mit. Keine Schwester der Wissenschaft, eher eine der Künste, des Tanzes.

Keine Theopoesie, doch einer Theopoetin gewidmet:

einst hätte man sie
als visionärin heilig gesprochen
oder als hexe
auf dürrem holzstoß verbrannt
(zwei seiten derselben medaille)

früher noch
sehe ich sie
als eine der levantinischen frauen
die mit jesus und seiner wanderkommune
die menschenfreundlichkeit gottes
zu leben versuchten

jetzt sitzt sie meditierend
auf einer klippe am meer
mit ihrem wickelkleid spielend
uns auszuwickeln uns einzuwickeln
in gebete gedichte in glauben und liebe –
prophetin einer magdalenischen zeit
weissagend den aeon der zärtlichkeit

Malcolm Lowry läßt die Ich-Figur einer Novelle von einem alten Outsider und Trunkenbold bekennen: »... diesen alten Bastard nur zu sehen, macht mich glücklich für eine Woche.« Poesie der Zärtlichkeit in Prosa.

Zärtlichkeit ist eine Form von liebender Intelligenz, vorausgesetzt, man verwechsle Intelligenz nicht mit Logik, sondern erkenne und anerkenne sie auch als einen möglichen Weg zur Ekstase. Liebende Intelligenz zumal will möglicherweise zur Ekstase zurück als ihrem Ursprung. Ist Ek-sistenz nicht ein Produkt von Ek-stase, Schöpfung nicht das Ergebnis des Aus-sich-Heraustretens Gottes, das Ziel der Schöpfung, »Gott alles in allem« (1. Korinther 15,28) nicht die vollendete, ewige Ek-stase, das Aus-sich-selber-herausgetreten-Sein des Schöpfers, das In-die-Schöpfung-hineingetreten-Sein Gottes, die große Hochzeit von Himmel und Erde? Auch das: Theopoesie der Theologie, sofern sie eben Logik und auf saubere Distinktion der Begriffe bedacht ist, zutiefst verdächtig. »Weh dem von Gott Trunkenen, der in Europa geboren wird ...« (Mohammed Eqbâl, Pakistan).

Das »Ungeheuer Zärtlichkeit« (Ruth Landshoff-Yorck): man sehe sich vor! Es reißt uns fort in Zonen, wo uns Sehen und Hören, Logik und Theologik vergeht, wo Theopoesie uns in Verrückte verwandelt, die alle Umsicht und Vorsicht vergessen und mit William Blake kühn und gefährlich behaupten: »Die Straße der Maßlosigkeit führt zum Palast der Weisheit.« Einen solchen Satz wie auch das Bild vom »Ungeheuer Zärtlichkeit« mißversteht, wer beides als Metaphern der Stärke, der Kraft, gar der Gewalt auffaßt. Nichts ist verletzlicher, wehrloser, schwächer als Zärtlichkeit. Deshalb weiß auch die Theologie wenig mit ihr anzufangen, denn Theologen pflegen in Kategorien der Macht, sogar Allmacht zu denken, ihr jahrhundertelanges Verhältnis zu den je herrschenden irdischen Mächten hat ihre Gottesphantasie verdorben.

Man darf sich jedoch nicht täuschen: mag Zärtlichkeit in manchen Fällen zu Rausch und Ekstase eskalieren (etwa in der Erotik oder in der mystischen Gottesminne, d. h. Gotteszärtlichkeit), so ist sie doch vor allem Gesinnung, also eine Geisteshaltung. So viel Spiel-Raum hier für Spontanes und Irrationales auch offenbleibt, nicht Ekstase ist das Ziel, sondern Entwicklung des Bewußtseins. Nüchternheit, Wachheit, vor allem aber Aufmerksamkeit sind Kardinaltugenden der Zärtlichkeit. Zwar hat Theologie die Zärtlichkeit nie thematisiert zu einer »Theologie der Zärtlichkeit«, wohl aber hat es eine Zärtlichkeit der Theologie gegeben, die sich in der behutsam-genauen Akkuratesse ihrer Denkweise und ihres Stils gezeigt hat, so in manchen patristischen und auch noch scholastischen Texten, deren Zärtlichkeit sowohl Gott wie dem Menschen (dem Leser) gilt.

Zärtlichkeit will nicht verführen – zu groß ist dafür ihr Respekt vor dem Mitmenschen! –, sie will erleuchten, will neue Pforten der Wahrnehmung öffnen. Auch im Bereiche des Eros ist Zärtlichkeit sinnliche Intelligenz.

Ohne Geist, ohne Worte keine Zärtlichkeit. Insofern ist *sie* der wahre Gegenpol dumpfer Triebhaftigkeit, nicht eine dualistische Körper- und Sinnenfeindschaft, die sprachlos-dumpfe Triebreaktionen erst recht hervorruft. Man muß deshalb unbedingt darauf bestehen, daß das ganzheitliche, Körper und Geist niemals trennende Menschenbild der Bibel orthodox und anthropologischer Dualismus häretisch ist. Andernfalls gibt man die Tugend der Zärtlichkeit theologisch von vorneherein preis. Zärtlichkeit stiftet Kommunikation, die sowohl den Geist wie die Sinne zu affizieren vermag.

Einen fundamentalen Gegensatz zwischen Eros und Agape behaupten und gar (mit dem schwedischen Theologen Nygren) absolut setzen zu wollen läuft auf eine Enteschatologisierung des Heiligen Geistes hinaus, der Bewegung ist auf ein künftiges Reich zu, wo Liebe in all ihren Ausdrucksformen zu ihrem Recht kommen und in der Hochzeit von Geist und Materie Erfüllung finden wird. Freilich: »Die Vorstellung, daß Eros und Agape letzten Endes doch ein und dasselbe sein könnten – nicht, daß Eros Agape wäre, aber wohl Agape Eros –, klingt nach fast 2 000 Jahren Theologie wohl merkwürdig« (Herbert Marcuse).

Ob die Vision der Agape, die Eros wird und werden will, vielleicht die theologische Perspektive wäre, die auch die Tugend der Zärtlichkeit sinnvoll zur Sprache bringen könnte?

Weil Gott Liebe ist (1. Johannes 4,8 und 16), ist er zärtlich. Weil er vollkommen zärtlich ist, bleibt er schwächer als wir Menschen, die wir nur gelegentlich, nur partiell, nur unvollkommen zärtlich sind. Deshalb reden wir von Gott lieber in Begriffen und Bildern der Herrschaft und der

Macht: wir projizieren eigene Herrschaftsverhältnisse und Machtwünsche in ihn hinein, der in Wahrheit als Liebender, als Zärtlicher schwach ist. Aber die Schwäche Gottes ist stärker als die Menschen (1. Korinther 1,25), das Weiche wird das Harte überwinden (Lao-Tse).

Herrschaftsansprüche zerstören die Zärtlichkeit. Zärtlichkeit ist eine Exorzistin von Herrschaftsansprüchen, das ist ihre soziale Brisanz. Zwischen Herrschendem und Beherrschtem, Sieger und Besiegtem ist keine Zärtlichkeit möglich, höchstens sado-masochistische Angstlust. Insofern ist Zärtlichkeit emanzipativ, ist tendenziell auf Herrschaftsfreiheit, auf Akratie gerichtet. Sollte das mit ein Grund dafür sein, daß die Theologie der herrschenden Kirchen mit ihr so wenig anzufangen weiß? Ist Zärtlichkeit das Privileg der Unterlegenen, der Bedrängten, von Minderheiten, wie im Mittelalter z. B. der Brüder und Schwestern von freiem Geist (homines intelligentiae), deren emanzipative Mystik durchaus antiautoritär, sozialevolutionär gewesen zu sein scheint? In diesen Kreisen scheint, wenn man Wilhelm Fraenger glauben will, in der Tat der Versuch gemacht worden zu sein, die Agape weiterzuentwickeln zum Eros, woraus sich die Zärtlichkeit eines Geistesklimas herausgebildet hat, das sich nach Fraenger in den Paradiesesdarstellungen der Gemälde von Hieronymus Bosch spiegelt. In diesem Zusammenhang zitiert Fraenger ein Wort von David Joris, einem »Schwarmgeist«, der die freigeistige in die wiedertäuferische Bewegung übergeführt hat: »Sollte sich denn niemand finden, der den Herrn liebt? O ja. Welcher Art Leute? Ein Volk, verachtet und verworfen, ein Volk von Sündern, Zöllnern und Samaritern, die ihre Nächsten lieben.« Noch einmal: gedeiht Liebe, Zärtlichkeit am ehesten unter Verachteten und Verworfenen, unter Out-sidern und Unterlegenen? Ist am Ende auch Maria Magdalena ihnen zuzurechnen? Hätte eine »Theologie der Zärtlichkeiten Maria Magdalenas« nicht so sehr auch »Theo-Pornologie« zu sein, wie Böll meint, sondern eher »Theo-Soziologie«?
Zufall oder nicht? Köln, die Stadt Bölls, ist im Mittelalter ein Zentrum der Brüder und Schwestern des freien Geistes und ihrer emanzipativen Zärtlichkeitsgesinnung und -rituale gewesen.

In der Zärtlichkeit leuchtet Versöhnung auf, ein Funke vielleicht der großen, der möglichen Versöhnung zwischen Gott und den Menschen, zwischen den Menschen untereinander, zwischen Menschen und Natur, zwischen Geist und Materie.

Zärtlichkeit weckt die Aufmerksamkeit für das Unscheinbare. Eine hilflose Geste, ein unartikulierter Laut, ein flüchtiger Schatten im Auge erschüttert, erleuchtet, wird plötzlich zum Dreh- und Angelpunkt des Universums. Was sonst nichts gilt, wird wichtig – und was vor der Welt sonst als wichtig gilt, verblaßt zur Bedeutungslosigkeit (vgl. 1. Korinther 1,28). Auch hier: Zärtlichkeit als Subversion! Letztes wird Erstes, Erstes Letztes. Daraufhin hätte eine Theologie der Zärtlichkeiten zu bedenken: »Das Zeitalter der Dogmatiken geht zu Ende, nicht weil das Belieben hochkommt, sondern weil der Glaube selber, soweit wir ihm diesen Namen heute noch zulegen dürfen – sich auf Stilleres und Unscheinbareres besinnen muß, soll er in später Stunde sein Wort finden« (Walter Frei).

Und immer wieder: Zärtlichkeit spielt, ist spielende Weisheit, ist Spiel vor Gott (Sprüche 8,30). Im Spiel bricht sie auf, was sich als Gewohnheit und Vorurteil freudlos verfestigt hat. Im Spiel leuchtet Licht auf vom großen, vom festlichen Sabbat der Schöpfung. »Zärtlichkeit krönt wahren Triumph, Sanftheit ölt echte Befreiung« (Vladimir Nabokov).

Adam Weyer: Schwierigkeiten, eine Theologie der Zärtlichkeit mit theologischen Vätern zu begründen

Die Wissenschaft muß sich der Zärtlichkeit annehmen. Die Wissenschaft gibt es nun einmal nicht, sondern nur Wissenschaften. Wenn also die Forderung, daß sich die Wissenschaft der Zärtlichkeit annehmen müsse, nicht ganz sinnlos sein soll, dann muß die Wissenschaft, die einmal als die Mutter und Herrin der Wissenschaften galt, es stellvertretend für alle anderen Wissenschaften leisten.

Es steht ohne Zweifel, daß die Theologie, denn von ihr ist hier die Rede, dies kann und schafft. Es hat der Theologien viele gegeben – die Theologie der Hoffnung und die theologia crucis, die Theologie der Befreiung und die Theologie der Natur, die Theologie der Revolution und die Theologie der Geschichte, die Theologie des Wortes und die Theologie der Säkularisation, die dialektische, natürliche, liberale, moderne, existentielle und die bürgerliche Theologie, die Gott-ist-tot-Theologie und die Prozeßtheologie.

Alle diese Theologien hatten (und haben) ihr gutes Recht. Sie zeugen davon, daß Theologie mit dem Menschen, mit seiner Geschichte und in seiner Welt lebt und denkt. Sie stellen heraus, was von den jeweiligen Theologen her in der jeweiligen Menschheitssituation theologisch notwendig zu sagen war. Und diese Theologien erleiden alle das gleiche Schicksal: Weil sie nicht zeitlos-ewig sind, werden sie durch andere theologische Akzentuierungen aus der Geschichte, durch andere Theologien überholt, ergänzt, korrigiert und verdrängt. Manchmal wird eine der Theologien sogar zur amtlichen Lehre – aber das ist dann gar nicht so gut für die Theologie.

Bei jeder neuen Theologie freuen sich die Verleger und die Buchhändler, denn das belebt doch das Geschäft; es stöhnen die Studenten (besonders die kurz vor dem Examen stehenden), wenn eine neue Theologie auf dem Buchmarkt erscheint, oder sie ereifern sich, weil sie noch Zeit zur Profilierung bis zur Prüfung haben.

Es scheint so, als ob das Theologiemachen ebenfalls unter den Weisheitsspruch, daß des vielen Büchermachens kein Ende sei, gefallen ist (Prediger 12,12).

Vielleicht ist es dennoch eine Überlegung wert, einen Augenblick für eine

Theologie der Zärtlichkeit zu verschwenden. Kann man sich – statt des allmächtigen und herrschenden, auffordernden und richtenden Gottes vieler Theologien – einen liebenden, mitleidenden, fürsorgenden und zärtlichen Gott denken? Oder wird hier Gott zu sehr vermenschlicht? Versuchen wir, Gott so zu denken. Vielleicht kommt dann ein Impuls zu Wort, der in der Theologie arg vernachlässigt worden ist: die Zärtlichkeit.
Also beginnen wir die Theologie der Zärtlichkeit.
Vorsicht.
Jeder (einigermaßen) gute Theologe schaut zunächst einmal nach, was die großen Väter – besonders die des 20. Jahrhunderts – dazu gesagt haben. Er guckt nach, ob dies auch möglich sei, eine Theologie der Zärtlichkeit zu beginnen, ob hier nicht das große »Nein« die theologische Existenz heute martialisch (oder barthialisch) bedrohe.
Also schlagen wir zunächst einmal nach und beginnen wir die Vorarbeiten zur Theologie der Zärtlichkeit mit der Durchsicht des Registerbandes zu Karl Barths Kirchlicher Dogmatik. Die Durchsicht ist schnell beendet: Das Stichwort »Zärtlichkeit« findet sich in der Kirchlichen Dogmatik nicht. Hier ist also doppelte Vorsicht geboten: Vieltausend Seiten gründlicher Dogmatik und Ethik kamen ohne Zärtlichkeit aus; die Theologie unseres Jahrhunderts (und sie ist es noch, wenn auch in Gestalt von Adepten, Diadochen und marquardschen Rotfärbungen) ist nicht zärtlich! Vielleicht ist die letzte Behauptung vorschnell hingeschrieben, vielleicht ist hier mehr gesagt – ohne das Wort zu verwenden. Also müssen wir uns durch die Bände hindurchlesen, erneut, nun aber mit dem Willen, die Zärtlichkeit in der Theologie für die Theologie der Zärtlichkeit zu finden. Band IV/2 müßte richtig sein: § 68 Der Heilige Geist und die christliche Liebe. Mit vier Untertiteln versehen:
1. Das Problem der christlichen Liebe; 2. Der Grund der Liebe; 3. Die Tat der Liebe und 4. Die Art der Liebe (Seiten 825 bis 953 des genannten Bandes).
Fragen wir also (mit Karl Barth) nach der christlichen Liebe; fragen wir ihn, ob diese Liebe zärtlich ist, ob etwa Gott zärtlich ist.
»Die christliche Liebe wendet sich dem anderen Menschen um dessen selbst willen zu.« (832) Das ist ein verheißungsvoller Anfang für unser Vorhaben, geistliche Väter einer Theologie der Zärtlichkeit aufzuspüren. Denn Barth widerspricht hier der Auffassung Augustins in dessen Werk »Über die christliche Lehre«. Augustin hatte nämlich behauptet, daß kein Christ den anderen Menschen um dessen selbst willen lieben darf, weil in jedem

Gut, daß um seiner selbst willen geliebt wird, das ewige Leben beruhe. Und Augustin hatte geschlossen, daß solche Liebe, die zu genießen ist, nur Gott zukommen könne, während wir den Menschen nur dann lieben, wenn wir ihn gebrauchen. Gebraucht werden soll der Mensch in der Liebe nicht, wenn wir Barth folgen – bedeutet das aber auch, daß die Liebe zu genießen ist, daß sie gar zärtlich ist? Hören wir wieder Barth: »... in der christlichen Liebe gibt nämlich das liebende Subjekt dem Anderen, dem Geliebten, das, was es hat, was sein ist, was ihm gehört ... Dazu hat der liebende Mensch seine Verfügung über sich selbst aufgegeben: um gerade sich selbst dem Anderen, dem Geliebten zur Verfügung zu stellen. Dazu ist er frei.« (832) Zur Verfügung stellen – das klingt arg augustinisch nach Gebrauch des Menschen, jetzt nur mit umgekehrtem Zeichen. Man stellt sich zur Verfügung. Aber: »Die Liebe ist ein freies Tun, Hingabe des einen an den anderen ohne Interesse, ohne Absicht, ohne Zweck, spontane Hingabe des Einen an den Anderen daraufhin, daß der Andere für den Einen nun einmal da ist. Sie ist aber kein grundloses Tun. Der in dieser Tat begriffene Mensch, der Christ, ... liebt von diesem seinen Grund in Gott her, als ein von dort von Gott selbst dazu Aufgerufener in Bewegung Gesetzter: dadurch in Bewegung gesetzt, daß Gott sich ihm erschlossen und daß er Gott erkannt hat als den, der in der Majestät und Herrlichkeit seines göttlichen Wesens *zuerst* liebt, und zwar ihn zuerst liebt.« (854) »Es ist also die Liebe Gottes wohl der Grund der menschlichen – es wird aber die menschliche Liebe niemals zum Grund der Liebe Gottes.« (855)

Also gut, wenn wir die Majestät und Herrlichkeit nicht altägyptisch oder wilhelminisch verstehen, wenn wir sie etwas kleiner schreiben, sie nicht als despotische Machtausübung sehen, sondern als Kreuzesgeschehen – machtlos, zuwendend, liebend –, wenn wir das In-Bewegung-Setzen nicht als Marschbefehl mit zackigem Kommando und auch nicht als das Anlassen eines nur von außen zu startenden Motors interpretieren, dann könnte die hier beschriebene spontane Hingabe der Liebe schon ein wenig zu einer Theologie der Zärtlichkeit motivieren. Ganz auf der falschen Fährte sind wir wohl nicht: Big brother Barth scheint uns ermutigend zuzulächeln.

Aber sehen wir zunächst weiter, damit unsere Schlüsse nicht als voreilige sich selbst widerlegen müssen. »Gott selbst liebt uns. Er liebt uns, indem er sich uns unmittelbar, als der, der er ist, zuwendet.« (862) Unmittelbare Zuwendung – kann solche Liebe anders gesehen werden in ihrer Unmittelbarkeit als zärtliche Liebe? Diese Liebe aber ist »ganz und gar eine Tat und also nicht ein Gefühl, eine Gesinnung, Verhaltensweise und Einstellung«

(863) – das verwirrt ein wenig. Eine Tat, die nicht vom Gefühl getragen, die am Ende gar gefühllos ist, eine Tat, der nicht eine Einstellung zum Anderen, eine Zuwendung entspricht, das scheint uns widersprüchlich, unlogisch, unmöglich zu sein. Aber erinnern wir uns an den Widerspruch Barths gegen die Gefühls- und Gesinnungstheologie, die nur Theorie blieb, an seinen vehementen Einsatz für die Tat der Liebe. Gottes Liebe bleibt nicht nur Gefühl, Mitgefühl für die Menschen, sondern sie wird Tat in Jesus Christus. Das ist keine gefühllose Tat, aber indem die Liebe Tat wird, ist sie etwas anders als Gefühl. In der Liebe der Gemeinde, der Christen »geschieht es, das Einer den Anderen zur Sache ruft. Keine Worte, Werke und Verhaltensweisen an sich und als solche genügen zu dieser Dienstleistung. In der Liebe geschieht sie: eine menschliche, aber auch der menschlichen Ebene unentbehrliche Dienstleistung.« (927)
Ehe wir uns nun im Überschwang gleich an eine ausformulierte Theologie der Zärtlichkeit nach Barth wagen, müssen wir eine grundlegende Unterscheidung Barths beachten, die für unser Vorhaben zum »Nein« werden könnte. Der christlichen Liebe stellt er als das Zerrbild »jene andere Liebe« (839), die »Selbstliebe« (833), das »erotische Lieben« (852) gegenüber, bei dem z. B. »so manches Menschenweibchen seine inneren und äußeren, natürlichen und künstlichen Vorzüge spielen läßt als seinen Besitz, damit auch das Männchen sein werde.« (833) »In der Agapeliebe kommt die dem Menschen wesentliche Mitmenschlichkeit zu Ehren.« (845) »Erotische Liebe ist Verleugnung der Humanität.« (846) Agape und Eros sind zwei grundlegend verschiedene Dinge: »Agape kann sich nicht in Eros, Eros kann sich nicht in Agape verwandeln.« (849) Die Erosliebe »besteht wohl in den meisten Fällen auch, und vielleicht in höchster Wärme und Dringlichkeit, in allerlei Zuwendung zum Mitmenschen.« (846) Aber Erosliebe beansprucht »den Mitmenschen als erhofften Zuwachs und Gewinn für seine eigene Existenz, als Erwerb, Beute, Fraß, wie er ihn in dieser oder jener Absicht für sich selbst gebraucht.« (846) So folgt der Mensch »entweder der Agapeliebe, in der er seinem Sein von Gott her und zu Gott hin entspricht, oder der Erosliebe, in der er ihm widerspricht.« (844)
So einfach scheint es nun doch nicht zu sein mit unserer Theologie der Zärtlichkeit. Denn Zärtlichkeit hat offensichtlich mindestens einen Hauch von Eros nötig – und der ist theologisch disqualifiziert. Möglich, daß Barth der alten Gegenüberstellung von Agape als der guten und Eros als der bösen Art menschlicher Liebe blind gefolgt ist. Sicher, daß er auch in

der geistlichen Liebe, in der Gottesminne, Eros am Werk sieht. Möglich, daß er in der erotischen Liebe, der Zuwendung zum Mitmenschen in höchster Wärme und Dringlichkeit, Agape sehen könnte. Aber hier fängt der Zweifel an, denn Barth steht hier – ob er will oder nicht – in einer theologischen Traditionskette, die den Eros als teuflische und die Agape als göttliche Liebe kennzeichnet.

Schon früh in der Theologie taucht diese Gegenüberstellung auf. Es gibt eine heilige Liebe in der Gegenwart Gottes, die menschlich war im verlorenen Paradies und menschlich sein wird im kommenden Himmelreich. Und es gibt eine unheilige erotische Liebe der Lust auf der verdammten Erde zwischen Sündenfall und wiederkommendem Herrn. Die kindliche, gottes-kindliche Liebe stellt schon Irenäus von Lyon der sündigen Liebe gegenüber, indem er in seinem »Erweis der apostolischen Verkündigung« schreibt: »Adam und Eva – das ist der Name des Weibes – waren nackt und schämten sich nicht; denn sie waren ohne Sünde und kindlichen Sinnes. Ihr Geist war frei von Vorstellungen und Gedanken, wie sie seither aus Bosheit durch sinnliche Begierde und schändliche Gelüste in der Seele entstehen. Noch hatten sie ja ihre Natur unversehrt bewahrt, denn vom Schöpfer war der Hauch des Lebens ihnen eingehaucht worden. Solange dieser Hauch unversehrt und unentweiht bleibt, ist er ohne Empfänglichkeit und Sinn für das Schlechte. Deshalb schämten sie sich nicht bei ihren Küssen und Umarmungen in Reinheit nach Kinderart.«

Zärtlichkeit – im Sinne eine Agapeliebe, einer guten und göttlichen Liebe – gibt es also nur im Paradies; seitdem das Paradies verloren ist, ging auch diese Zärtlichkeit verloren. Eine Theologie der Zärtlichkeit wäre dann nur für das Paradies zu schreiben, für das verlorene oder für das kommende des Himmelreichs. Für die Gegenwart müßte nach diesem theologischen Traditionsstrang eine solche Theologie der Zärtlichkeit in Bosheit, Begierden und Gelüsten ertrinken.

Bliebe nur noch der Versuch, wenn schon alles Irdische von Begierden und Gelüsten durchtränkt ist, jenseits dieser Gelüste und Begierden die Zärtlichkeit bei Gott zu sehen. Aber Gott müßte dann – bleiben wir bei einer Theologie im Konjunktiv – seine Zärtlichkeit verbergen, um dem Menschen zu einer endzeitlichen Zärtlichkeit jenseis der Materie zu verhelfen. Diese Gedanken hat schon Origenes in seinen Homilien zu Jeremia niedergeschrieben:

»Der Vater will den Sohn, wenn er noch klein ist, manchmal zu dessen Nutzen betrügen, da er dem Kind nicht anders nützen kann, als indem es betrogen wird. Der Arzt versucht den Kranken zu betrügen, wenn dieser nicht anders geheilt werden kann als durch betrügerische Worte. Muß vielleicht auch Gott es so machen, wenn er sich vorgenommen hat, dem Menschengeschlecht zu helfen? Sagt der Arzt zum Kranken: ›Du mußt geschnitten werden, du mußt mit dem glühenden Eisen gebrannt werden, du mußt anderes Beschwerliches dulden‹, so wird sich der Patient wohl nicht dazu hergeben; darum redet er gelegentlich anders und verbirgt unter einem Schwamm jenes schneidende und brennende Eisen. Und ein andermal verbirgt er sozusagen unter Honig das Bittere und das freudlose Heilmittel, nicht mit dem Willen zu schaden, sondern um den Kranken zu heilen. Von solchen Heilmitteln ist die ganze göttliche Schrift angefüllt, und oft ist darin ein Süßes verborgen, oft aber auch ein Bitteres. Wenn du den Vater Drohungen ausstoßen siehst, als ob er den Sohn haßte, und dem Sohn schreckliche Dinge sagen und seine Zärtlichkeit nicht zeigen, sondern seine Liebe zum Sohn verbergen siehst, dann weißt du, daß er den Kleinen betrügen will. Denn es ist nicht gut für den Sohn, daß er die Vaterliebe verstehe und deren besorgte Zärtlichkeit; er würde sich nur gehenlassen und nicht erzogen werden. Darum verbirgt jener das Süße der Zärtlichkeit und zeigt das Bittere der Drohung her. Und etwas Ähnliches wie der Vater und der Arzt tut Gott. Es gibt gewisse Dinge, die auch noch den Gerechtesten und Weisen heilen.«

Also: Gott ist zärtlich, aber er verbirgt aus pädagogischen Gründen seine Zärtlichkeit vor den Menschen, um diese nicht unerzogen zu lassen. Hier läßt der gute Origenes seine theologischen Argumente unbesehen der damals geltenden Pädagogik folgen: Wer Zärtlichkeit zeigt, verzärtelt; wer Strenge walten läßt und hinter ihr seine Zärtlichkeit versteckt, so daß diese unkenntlich gemacht wird, der ist wirklich ein zärtlicher Erzieher – denn Erziehung verbannt Zärtlichkeit. Hier komme mit, wer will; richtige Theologie wird nicht dadurch richtig, daß sie in den Gedankengängen einer vergangenen Erziehungslehre einhergeht. Jesus herzte die Kinder (Markus 10,16) gegen die von Origenes aufgewertete Pädagogik des Betrugs. Wenn Gott zärtlich ist – und die Bibel ist voller Belege dafür –, dann zeigt er seine Zärtlichkeit den Menschen, die er wie eine Mutter zärtlich umsorgt. Da lese ich lieber bei Ambrosius im »Sechstagewerk« als in den von damaligen pädagogischen Meinungen überfremdeten Vorstellungen des Origenes:

»Was soll ich vom Kuß des Mundes sagen, dem Zeichen der Zärtlichkeit und Liebe? Auch die Tauben küssen sich. Doch wie ließe sich das mit dem

Liebreiz des menschlichen Kusses vergleichen, dem leuchtenden Wahrzeichen der Freundschaft und Freundlichkeit, dem treuen Ausdruck liebevoller Gesinnung? Daher brandmarkt der Herr an seinem Verräter gleichsam ein Verhalten unerhörter Art, wenn er spricht: ›Judas, mit einem Kusse verrätst du den Menschensohn?‹, d. h. das Wahrzeichen der Liebe verkehrst du in ein Kennzeichen des Verrats, in ein Anzeichen des Unglaubens? Dieses Pfand des Friedens mißbrauchst du zum Mittel der Grausamkeit? Nicht sowohl den Freund, welcher der Liebe Unterpfand reichte, als vielmehr den Mörder, der nach Art einer Bestie des Mundes sich bedient, tadelt der Herr mit dem Ausspruch seines göttlichen Mundes. Auch das ist ein Vorzeichen von uns Menschen, daß wir nur den Gefühlen des Herzens mit dem Munde Ausdruck verleihen und so die heimlichen Gedanken des Geistes mit dem Worte des Mundes anzeigen können. Was anders ist demnach der Mund des Menschen als gleichsam das Heiligtum der Sprache, der Quell der Rede, der Palast des Wortes, die Schatzkammer des Willens?«

Soweit Ambrosius mit seiner Verteidigung der Zärtlichkeit, die weder versteckt noch verraten werden darf.

Die Bücher türmen sich – die Theologie der Zärtlichkeit hat noch immer nicht genügend theologische Väter bekommen. Vielleicht ist es sogar notwendig, nun die Väter von Irenäus bis Luther und von Ambrosius bis Barth beiseite zu legen. Es läßt sich nämlich nicht verheimlichen, daß bei den meisten von ihnen entweder pädagogische oder geistesgeschichtliche Verkettungen deutlich werden, die nicht unseren entsprechen.

Vielleicht braucht eine vaterlose Gesellschaft nun auch eine vaterlose Theologie der Zärtlichkeit? Aber bin ich dann der rechte Vater, diese vaterlose Theologie der Zärtlichkeit zu beginnen? Müßte sie nicht zunächst Praxis – und nicht nur Theorie sein?

Søren Kierkegaard: Auf der Bredgade

Da kommt ein junges Mädchen, fein und sorgfältig geputzt, ja, es ist auch Sonntag heute ... umkost sie ein bißchen, fächelt ihr Kühlung zu, gleitet mit sanftem Hauch über sie hin, umfanget sie mit eurer unschuldigen Berührung! Wie ahne ich der Wange zarte Farbe, die Lippe rötet sich stärker, der Busen hebt sich ... nicht wahr, mein Mädchen, es ist unbeschreiblich, es ist ein seliger Genuß, diesen frischen Lufthauch einzuatmen? Die kleine Halskrause wiegt sich gleich einem Blatte. Ihre Schritte werden langsam, sie wird beinahe getragen von dem sanften Lufthauch, wie eine Wolke, ein Traum ... Blast ein bißchen stärker, in längeren Zügen! ... Sie sammelt sich; die Arme ziehen sich näher zum Busen, den sie vorsichtiger schirmt, auf daß ein Windstoß nicht zu zudringlich werde, auf daß er nicht geschmeidig und kühl unter die leichte Hülle sich schleiche ... Gesunder wird ihr Rot, die Wange wird voller, das Auge durchsichtiger, der Gang taktfester. Alle Anfechtung verschönt den Menschen. Ein jedes junge Mädchen sollte sich in den Zephyr verlieben; denn so wie dieser versteht es kein Mann, durch den Kampf mit ihr ihre Schönheit zu erhöhen. ... Ihr Leib neigt sich leicht nach vorne, das Haupt blickt zur Spitze des Fußes ... Haltet etwas ein! es ist zu stark, ihre Gestalt wird breit, verliert ihre schöne Schmalheit ... Kühlt sie ein wenig ... Nicht wahr, mein Mädchen, es ist erquickend, wenn man warm geworden, diese erfrischende Schauer zu fühlen; man könnte seine Arme ausbreiten aus Dankbarkeit, aus Freude über das Dasein ...

Søren Kierkegaard (1813–1855):
Tagebuch des Verführers

Martin Goldstein: Zärtlichkeit ist ein körperliches Geschehen

Zärtlichkeit ist körperliches Geschehen. Vor allem eine Sache der Haut, die sich nicht von selbst hin und her bewegen kann, und der Hände, der Finger, die sich beliebig bewegen können. Zärtlichkeit lebt vom Fühlsinn. Fühlen ist das Stichwort, durch das Zärtlichkeit verwirklicht und erlebt wird.

Selbstverständlich gibt es auch Zärtlichkeit in Worten, etwa wenn jemand auf die Stimmung des anderen eingeht. Auch diese Worte werden mehr erfühlt als gehört.

Oder Zärtlichkeit im Tun: Etwa dem Eiligen am frühen Morgen das Frühstück angerichtet zu haben, was auch mehr der Stimmung als der Verdauung zugute kommt. Oder die Zärtlichkeit, die Phantasien des anderen anzuhören und zu verstehen, daß manches in ihm ganz fremd ist und daß man ihm doch ganz nahe ist. Was dann gefühlt wird, breitet sich im ganzen Körper aus. Wo Zärtlichkeit passiert, verringern sich Angst, Spannung, Hast und Krampf. Umgekehrt: Wer ängstlich und eilig ist oder vom Streß gezerrt, der hat es schwer, zärtlich zu sein.

Die meisten seelischen Störungen gehen mit Schwächung der zärtlichen Potenz einher. Dabei kann die sexuelle Potenz erhalten bleiben, etwa bei einem zwangsneurotischen Mann, der pedantisch und regelmäßig mit seiner Frau schläft. Oder bei einer von Unruhe und Ängsten geplagten Frau, die doch immer wieder mit ihrem Mann schläft. Aber dann ist fast immer der Zärtlichkeitsbereich gestört, verringert oder fällt vollkommen aus.

Sex ist keine Kunst, obwohl man Sex kunstvoll ausüben kann. Zärtlichkeit ist eine Kunst, die aus Einfühlung und Phantasie kommt. Sie ist nicht selbstverständlich. Dazu braucht der Mensch kein Lehrbuch und keine Aufklärung. Er kann sich nur selbst aufklären, und zwar ausschließlich im unmittelbaren Zusammensein mit Partnern. Er braucht Mut, ihn zu entdecken, und genauso, sich entdecken zu lassen. Zärtlichkeit ist kein einseitiger Akt, er lebt vom feed-back: von dem verdeutlichenden Entgegnen des Partners, was er dabei erlebt.

Feind von Zärtlichkeit ist unentwegte Wiederholung desselben. So ist zum Beispiel Koitus immer dasselbe. Sex hat die Gefahr entfremdender Wiederholung. Veränderungen dabei, es diesmal so oder so zu tun, und die Ideen dafür entstehen aus zärtlicher Phantasie. Wenn jeder sich vom anderen das Seine holt, bringt er gleichzeitig zur Kenntnis, was ihn befriedigt, und das schenkt wiederum Befriedigung. Zärtlichkeit *bringt.* Zärtlichkeit ist ein Dialog. Was du im Fühlen verschenkst, spricht unmittelbarer, als wenn du sprichst. Sprechen können wir auch über Dinge, von denen wir nichts verstehen. Körperliches Fühlen drückt immer das aus, was tatsächlich da ist, nie mehr und nie weniger. Es ist eine authentische Sprache.

Deshalb gibt es Ansätze in der psychologischen Kommunikationstherapie, mit dem Erleben von Zärtlichkeit zu arbeiten. Einander sich zu nähern, ohne direkten Hautkontakt, nur noch Millimeter voneinander entfernt zu sein. Die Unsicherheit im Entdecken zu erleben und es bei einer Fingerspitze oder Handfläche auf des anderen Schulter zu belassen. Vielleicht macht man dabei die Entdeckung, daß man eigentlich sehr empfindlich ist, daß man Angst vor Kontakt hat. Warum eigentlich? Welche vergessene Erinnerung macht diese Angst? Welche beiseite geschobene Phantasie bewirkt dieses Stocken?

Ich erinnere mich: Ein Mann in der zweiten Lebenshälfte betastet mit geschlossenen Augen einen Mann, bis er dessen Umrisse, Figur und Geschlecht erkennt, der sich dann jemand anders zuwendet und sofort zurückzuckt, sobald er spürt, daß er vor einer Frau steht. Er erlebte diese sachte experimentelle Berührung ausgesprochen sexuell, so, als habe er sich ihr unsittlich nähern wollen. Sie dagegen hatte seine Nähe angenehm empfunden, wie wenn sie als Tochter vom Vater gelobt worden wäre. Dieser Mann wurde von seinen sexuellen Phantasien gelenkt, so sehr, daß er gar nicht mehr zärtlich sein konnte. Er brauchte eine lange Zeit des Bedenkens, Erinnerns und Überlegens, bis er zu glauben begann, daß er mit seiner Nähe auch etwas zu bringen hatte. Für ihn war Sexualität ein Holen, ein Grabschen, ein Klauen, Erobern, ein Akt des Nehmens. Er hatte erst zu lernen, daß er geben konnte und dafür Partner brauchte, die durch körperliche Reaktion zum Ausdruck gaben, ob und wann und wie er wie sein Bringen akzeptiert werden konnte.

Zärtlichkeit ist nicht Vorstufe von Sex, sondern stuft sexuelle Potenz in mitmenschlichen körperlichen Dialog ein.

Zärtlichkeit von Sexualität zu unterscheiden ist müßig. Zusammen schlafen kann eine weitestgehende Form von Zärtlichkeit sein. Trotzdem, Sex machen kann jeder, es gelingt irgendwie immer, weil der Trieb sich stark

genug meldet, ihn zu befriedigen. Zärtlichkeit ist jedoch etwas, was nicht vom Trieb sondern von der Einfühlung ausgeht.
Zärtlichkeit ist *Verweilen,* ist unbedingt auf den Augenblick bezogen, wie immer, wenn es mit dem Körper zu tun hat. Für den Körper gibt's nicht Vergangenheit oder Zukunft, er ist immer »jetzt« und immer »hier«. Du kannst Zärtlichkeit deshalb so genießen, weil du die Gegenwart damit fühlen kannst. Vergangenes und Zukünftiges lösen sich auf.
Auch das ist der Zärtlichkeit eigen: Wenn du jemand anders fühlst und streichelst, fühlst du *gleichzeitig ihn und dich selbst.* Seine Haut streichelt an deiner Hand, an deinen Fingerspitzen. Ohne ihn würdest du dich nicht fühlen können. Nur mit ihm fühlst du dich und gleichzeitig ihn.
Zärtlichkeit lebt von *Neugier:* »Wer bist du, wie bist du, wie fühlst du dich an? Wie wird es mir ergehen, wenn ich dich entdecke? Was entdecke ich in mir dabei?« Fingerspitzen werden zu Expeditionen, der Körper ist wie ein weißer Fleck auf der Landkarte, der eine Forschungsreise nötig macht. Und nie war das Unentdeckte leer oder tot, man traf immer auf Leben. Nichts fehlte, es war nur noch nicht bekannt, wie es lebte. Neugierig sein ist nicht einfach nur: »Mal sehen, was es da gibt.« Neugier will auch erleben, wie ich aufgenommen werde, ob eingeladen, erwartet oder erst nach heftigem Anklopfen, ob geduldet oder bewirtet, und ob es zur Verständigung kommt.
Zärtlich sein ist *Landarbeit:* pflügen und säen, und dann wächst es aus der Erde. Pflug und Saat sind deine Hände und was du hineinlegst. Erde und Bodenkräfte sind der Körper. Unbearbeitet bringt der Boden, der Körper, nicht viel, bleibt Steppe. Nun kommen Hände, fühlende Fingerspitzen. Im Begegnen von Händen und Körper kommt Lebendiges zu Tage. Schon da ist Fruchtbarkeit, wenn die Gefühle aufwachen und in Körpersprache sprechen.
Zärtlichkeit ist *Angriff.* Zärtlichkeit enthält eine Menge Aggressivität. Selbst das lindeste Streicheln hat Störendes weggefegt, Unrast und Beschwerden verscheucht und dem Schlaf Platz verschafft. Aber wache, absichtliche Zärtlichkeit fordert heraus. Du weißt, welche Angst du davor haben kannst. »Da kommt etwas auf mich zu.« Angst! »Ich weiß nicht, was aus mir werden wird.« Angst! »Soll ich mich dem, was kommt und aus mir kommt, überlassen?« Angst!
Diese Angst kann von der angreifenden Zärtlichkeit vertrieben werden. Zärtlichkeit überwältigt den anderen nicht zu dem, was er hernach bereuen muß. Echte Zärtlichkeit befreit.

Zärtlichsein ist *Kampf*. Mit deiner Einfühlung erweckst du den anderen. Du läßt dich erwecken, reagierst mit unwillkürlichen Körperzeichen. Die machen den anderen noch lebendiger, bestärken ihn. Du gehst zur Offensive über, und der andere überläßt sich dir. Bis so viel Spannung in ihm ist, daß es wieder aus ihm zu dir hinüber herausbricht – und du seine Kraft merkst. Ebenso spürst du deine Kraft, mit der du im anderen etwas erwecken kannst. Du stellst fest: Ich kann das, und bei ihm geschieht was! Dieser Kampf ist der einzige, bei dem es nur Gewinner gibt.

Zärtlichkeit ist *Alleinsein*, Für-dich-Sein. Konzentration auf dich selbst, auf das Fühlen, wie es an bestimmten Stellen durch dich dringt. Unangenehm, eine sogenannte Zärtlichkeit, die zu Gegenleistungen verpflichtet, zu Reaktionen, damit irgendwelche Regeln erfüllt werden, und wo du dich aufraffen mußt, etwas Bestimmtes tun zu müssen. So etwas zu tun sollte in dir entfacht werden. Du reagierst dann, weil dir danach ist und weil du es auch selbst willst. Bei diesem Vorgang, dich zu sammeln und das Leben deiner unwillkürlichen Gefühle wahrzunehmen und auszukosten, darin bist du allein, der andere kann nicht wissen, was in dir vorgeht. Ebensowenig weißt du, was in ihm vor sich geht. Ihr zwei seid unendlich weit voneinander entfernt. Jeder ist seinem eigenen Fühlen und seiner eigenen Intuition überlassen. Du kannst nur raten, wie ihm ist. Alles weitere Tun ist Risiko, Wagnis. Sieh doch: der andere nimmt's auf, für ihn ist es ebenso neu, unbekannt, überraschend, und er wird aufgeschlossen, es zuzulassen und zu probieren, was von dir kommt.

Zärtlich sein: Da kehrt die *Mutter* wieder, die dich bettet, zur Ruhe bringt, mit gesummten Tönen die Angst nimmt, dich geborgen macht, weil du weißt: Ich bin nicht alleingelassen.

Zärtlich sein: Wie *Vater* mit seiner Stärke und Wortlosigkeit dich trägt und dahin bringt, wo du sicher bist.

Zärtlich sein: Du bist wieder *Kind*, nicht kindisch. Du brauchst keine Vorsorge zu treffen. Kind ist Gegenwart leben, Vergangenes und Zukünftiges können dich nicht mehr treffen, allein das Gegenwärtige ist wahr, und du fühlst dich geborgen.

Zärtlichkeit ist Nähe, und Nähe bedeutet Kontakt. Unsere Erziehung ist weder ein Freund von Kontakten noch ein Anwalt für Nähe. Neugeborene werden isoliert, anstatt daß sie bei der Mutter liegen können. So wird Geburt zur Trennung. »Du mußt für dich allein lernen!« heißt es in der Schule, und die meisten Versuche im Unterricht, miteinander in Kontakt zu kommen, werden als Störung geahndet. Isoliert leben Kinder eines

Familienstiles von dem anderer Familien, einer Klasse von anderen Klassen, eines Geschlechts vom anderen Geschlecht. Isolierung gehört zur wissenschaftlich-technischen Welt. Güter werden über Menschen gestellt. Produktion geht vor Kontakt. Leistung ist der höchste Wert. Dabei liegt die absurde Vorstellung zugrunde, daß es im Kontaktbereich, d. h. in sozialer Reifung, nicht auch auf ganz wesentliche Leistungen ankäme. Wieviel Erfolge und gute Zensuren sind durch Preisgabe von Kontakt erkauft! Wenn Mädchen und Jungen anfangen, sich füreinander zu interessieren, haben sie nur minimale Chancen, unbeargwöhnt und ermutigt miteinander in Kontakt zu kommen. Oder wo kann man sich im eigenen Stil treffen, wenn man 13 ist? Sehnsüchtig warten Haut, Hände, Wärme und Seele auf Kontakt mit einem fühlbaren Gegenüber. Und das beschränkt sich nicht aufs Jugendalter. Auf dem Gebiet sozialer Reifung bleiben wir Analphabeten. Wir existieren auf Distanz. Aus Entfernung bleibt nur Blickkontakt übrig. Einer schaut auf den anderen, möglichst unbemerkt, und phantasiert seine Kontaktwünsche hinein. Unsere kontaktarme Welt ist deshalb ganz auf optischen Umgang eingeengt: man rückt Menschen mit Blicken auf den Leib. Wir werden mit Blicken betastet oder taxiert, ob wir gefallen. Idealmaße, Idealfiguren dressieren Schlüsselreize an; wer anders geformt ist, hat geringere Chancen, bejaht und begrüßt zu werden. Wir starren Menschen wie Schaufensterauslagen an: »Die da gefällt mir!« »Der dort, der ist aber chic!« Und die anderen sehen wir nicht. Völlig anders, wenn der übliche Kontakt zustande käme, ohne zu sehen. Wenn wir nicht mit Augen, die immer schon auf bestimmte Schablonen geeicht wurden, schauen würden, sondern allein mit Haut, Händen, Fühlen und Gefühlen. Dann käme es nicht mehr an auf Schwung von Konturen, auf Lidschatten oder wie Haarspitzen fallen, auf in fixe Formen gepreßte Körperteile, auf Schlankheit, Jugendlichkeit oder sportliche Eleganz, auf Farben, Gefärbtes oder gewagte Kompositionen oder was noch alles in das optische Schema F gezwungen wird. Vielmehr könnte ich fühlen, ob menschliche Wärme da ist oder leise Scheu, die vielleicht überredet werden möchte. Haut, Druck und Berührungen würden andeuten, ob ich bemerkt werde, ob ich besser noch zögere oder ob ich willkommen bin, je nachdem, wie ich tupfe, streiche oder streichle, wie ich entdeckt oder etwa fahl abgetatscht werde.

Ohne Schauen, allein mit Haut und Fühlen kämen menschliche Möglichkeiten ins Spiel, die unmittelbar gegenwärtig sind und aus dem Herzen kommen. Wir könnten zärtlich sein, ohne erst ein »Ich liebe dich!« zu übertreiben, und brauchten uns einander nicht gleich alles zu versprechen, wenn wir gerade nur eine tröstende Hand, ein entspannendes Streicheln nötig haben. Wir brauchten weder Treueschwüre, um miteinander zärtlich zu sein, noch Angst vor unvermittelten Sex zu hegen, wir hätten als Halbwüchsige keine »Raupe« auf der Kirmes mehr nötig, die uns aufeinanderschiebt, noch Pfänderspiele, um zu küssen. Wir brauchten nicht mehr »Oh, Entschuldigung!« zu stammeln, wenn wir jemand unabsichtlich körperlich berührt haben.

Kontakt wäre nicht mehr Raub, Kontaktnahme nicht mehr nahezu eine Zumutung, sondern eine anerkannte und erwartete Gabe, die reichlich verteilt werden dürfte. Zärtlichkeit bliebe nicht mehr Mangelware zum Preis paarweiser Existenz.

Dazu allerdings brauchten wir eine Erziehung, die Kontakt hochwertet. Kontaktarme Erziehung bedeutet zärtlichkeitsarmes Leben. Mir ist eine Umwelt lieber, die reicher an Zärtlichkeit ist. Ich habe davor keine Angst mehr. Und meine Scheu würde meine Zärtlichkeiten eher noch zärtlicher machen.

Hans-Günter Heimbrock: Erziehung zur Zärtlichkeit

Beinahe jeder von Berufs wegen pädagogisch Leidtragende, Lehrer wie Schüler, wird wohl auf die Frage nach den Möglichkeiten einer Erziehung zur Zärtlichkeit gleich reagieren: Sein Gesicht wird ein Lächeln aufsetzen, das wir sonst nur sehr mildtätigen Zeitgenossen zutrauen.

Aber wir sollten dieses Lächeln ernst nehmen. Es spricht jedenfalls eine deutliche Warnung aus.

In der Tat – für Zärtlichkeit scheint im pädagogischen Alltag unserer Tage kein Platz zu sein, wird dieser doch von ganz anderen Wertvorstellungen beherrscht: von Effektivität, von Lernprogrammen und -maschinen, kurz gesagt: von der Leistung.

Und doch, so scheint mir, gibt es Argumente dafür, daß eine Erziehung zur Zärtlichkeit kein so aberwitziges Unternehmen ist, wie dies auf den ersten Blick erscheinen mag. Immerhin stellte der englische Psychologe und Schüler Freuds, Michael Balint, schon vor vierzig Jahren die Behauptung auf: »Das gute, zärtliche Einvernehmen zwischen dem Kind und den es umgebenden Erwachsenen, dies ist es, woran sozusagen der Erfolg der Erziehung bzw. deren Mißlingen abgemessen werden kann« (Die Urformen der Liebe und die Technik der Psychoanalyse, dt. 1966, S. 61). Haben sich die pädagogischen Maßstäbe so sehr gewandelt? Oder ist unsere Erziehung so erfolglos?

Pädagogische, psychologische und in jüngster Zeit theologische Anthropologie legen uns wider allen Augenschein die Einsicht nahe, daß der Mensch zur Erfüllung seines Lebens neben Arbeit und Leistung unbedingt auch des Glückes bedarf – eines Glückes, zu dem neben anderen Komponenten sicher auch Zärtlichkeit hinzugehört, aktiv gebende und passiv empfangene. Wenn Erziehung sich also auf eine Vorstellung vom Menschen besinnen kann, die reine Zweckrationalität übersteigt, dann wird sie es auch mit der Zärtlichkeit zu tun bekommen.

Und eine zweite Vorüberlegung wäre dem Skeptiker entgegenzuhalten: Zärtlichkeit gehört zu den menschlichen Fähigkeiten, die ihm nicht angeboren sind. Er muß sie erst erlernen. Und er kann das erst, wenn er Erfahrungen zärtlichen Umgangs in seinen ersten Lebensjahren gemacht hat, wenn ihm Eltern und andere Menschen Zärtlichkeit entgegengebracht haben.

Haben wir also gute Gründe dafür, uns mit dem Thema »Zärtlichkeit« im Horizont von Erziehung zu befassen, so drängt sich spätestens nun die Frage auf: Worüber denken wir dabei eigentlich nach? Wie läßt sich dieser zweifelsohne äußerst zerbrechliche und flüchtige Teil menschlicher Gefühlswelt gedanklich einfangen, ohne daß er uns schon zu Beginn der Überlegungen wieder entkommt? Zärtlichkeit ist auf alle Fälle kein in der Pädagogik »heimischer Begriff«. Ob hier überhaupt mit begrifflichem Denken weiterzukommen ist, muß fraglich erscheinen. Dies wäre übrigens die zweite Warnung an den Leser, er möge seine Erwartungen an das Folgende nicht zu hoch ansetzen!

Sicher ist, daß der Reichtum menschlicher Gefühle nur von nichtobjektivierendem Denken überhaupt in den Blick genommen werden kann. Dazu zählt neben der Poesie im Bereich der Wissenschaften unter anderem die Tiefenpsychologie.

Ihr genialer Begründer Sigmund Freud war zwar persönlich der Meinung, das Glück des Menschen sei nicht im Plan der Schöpfung vorgesehen. Zur Aufdeckung der psychologischen Eigenarten der Zärtlichkeit hat er gleichwohl wichtige Beiträge erbracht. Und eine Erziehungstheorie, die den Menschen in seiner leib-seelischen Dialektik in den Blick bekommen will, tut gut daran, Freuds Erforschung der emotionalen Dynamik des Seelenlebens zu berücksichtigen.

Zu den grundlegenden psychologischen Einsichten Freuds gehört zu allererst die Aussage, daß die zärtlichen Regungen, derer der Mensch fähig ist, einen Bestandteil seiner Sexualität darstellen. Der Bereich der Sexualität wird bekanntermaßen hier in einem recht umfassenden Sinn verstanden, welcher bloß hormonale, biologische Tatbestände weit übersteigt, sich in verschiedenste Charakterzüge und beinahe alle kulturelle Arbeit des Menschen ausdehnt.

Weiterhin festzuhalten wäre die differenzierende Einsicht Freuds in die Eigenarten des menschlichen Sexuallebens. Freud unterschied nämlich die sinnlich-aggressive Komponente (welche uns zur genitalen Befriedigung befähigt) von einer Art »zielgehemmten Erotik«. Und eben darin sah er die besondere Eigenart der Zärtlichkeit als der zweiten Grundströmung menschlicher Sexualität.

Im Unterschied zum Tier gilt für den Menschen, daß er nicht mit einem vorfixierten Instinktprogramm zur Welt kommt. Sein Triebleben, und damit auch seine Sexualität, wandelt sich im Laufe des Lebens. Während aber das, was wir eben Sinnlichkeit nannten, sich erst recht spät ausbildet, gehört die zärtliche Strömung zu den frühen Perioden der Entwicklung menschlicher Liebesfähigkeit, sie ist für Freud geradezu deren charakteristische Ausdrucksform in der Kindheit. Dies steht psychologisch jedoch ganz und gar nicht im Widerspruch zu der Erkenntnis, daß auch zur gereiften Liebesfähigkeit des Erwachsenen ein guter Schuß Kindheit gehört, indem nämlich Sinnlichkeit und Zärtlichkeit eine unzertrennliche Bindung eingegangen sind.

Schließlich ist auf eine weitere psychologische Erkenntnis hinzuweisen: Die Zärtlichkeit des Kindes anderen Menschen gegenüber ist ein erster, wichtiger Schritt weg von der Harmonie des Babys mit dem eigenen Körper, denn hier werden die ersten Versuche gestartet, Beziehungen mit anderen Menschen aufzunehmen. Der narzißtisch mit sich zufriedene Säugling ist noch nicht der Zärtlichkeit fähig – um mit jemandem zärtlich zu sein, muß man also zumindest ein Stück weit »Ich« sagen können. In Gesten und Worten der Zärtlichkeit verschenkt man dann gewissermaßen ein Stück vom eigenen Ich. Die Fähigkeit des Abgebens und Loslassens ist, wie wir wissen, dem Menschen nicht von Natur aus mitgegeben – er muß also erst zärtlich behütet und umsorgt worden sein, damit er diese Geste von sich aus erwidern kann.

Ich denke, aus diesem kurzen Rückgriff auf psychologische Einsichten in die seelischen Eigenarten spezifisch menschlicher Zärtlichkeit ergeben sich einige kritische Fragen und Anmerkungen für die Erziehung; das gilt für deren Praxis gleichermaßen wie in bezug auf ihre Theorie.

Beginnen wir mit der Wirklichkeit von Erziehung: Zärtlichkeit im Schonraum der familiären Intimsphäre wird wohl jeder akzeptieren können, wenn wir auch allzuoft weit davon entfernt sind, ein Klima von Zärtlichkeit dauerhaft erhalten zu können.

Aber es hat ganz den Anschein, als unterliege die Zärtlichkeit in unserer gesellschaftlichen Öffentlichkeit prinzipiell dem immer noch in Geltung stehenden Sexualtabu, auch in der Erziehung. Sex als Konsumware, als gewinnbringender Marktartikel, das steht dazu nicht im Widerspruch, erst recht nicht die vereinzelten (und doch oft arg verkrampften) Ansätze im Bereich der Sexualpädagogik.

Ausnahmen bestätigen gerade hier doch die Regel. Zärtliche Regungen von Menschen zueinander haben in der gegenwärtigen Erziehungswirklichkeit keinen Raum, jedenfalls keinen legitimen.

Sie bilden allenfalls Anlaß dazu, das Verhalten von Lehrern und Schülern gerichtlich auf sittliche Unbedenklichkeit hin zu überprüfen.
Das Erstaunliche bleibt, daß Aggressivität, die doch auch recht häufig zu hautnahen Kontakten führt, bei uns, auch in unseren Schulen, weit weniger geächtet wird.
Müssen wir also in Sachen Zärtlichkeit eine nicht gerade förderliche öffentliche Erziehungspraxis zur Kenntnis nehmen, so sieht es mit der Theorie nicht viel anders aus.
Von den psychologischen Überlegungen her ergeben sich zumindest einige kritische Anfragen:
Hat nicht die Formel »Erziehung zur Mündigkeit« uns weithin ein pädagogisches Leitbild aufgedrängt, das zwar neben Tüchtigkeit und Intelligenz auch Kritikfähigkeit beinhaltet – in dem aber für das Kindsein kein Platz mehr ist? Wenn Zärtlichkeit etwas mit Kindsein zu tun hat, dann weist doch unsere emanzipatorische Erziehung einen blinden Flecken auf. Verstehen wir psychologisch die Zärtlichkeit als periodische höchst sinnvolle Rückkehr des Menschen in seine seelische Kinderzeit, dann wäre die Konsequenz einer ganz am leistungsfähigen Erwachsenen orientierten Erziehung mehr als eine nur bedauerliche Verarmung: Sie drängt die Kindheit, die jeder seelisch mit sich herumschleppt, in den »Untergrund«, ins Unbewußte. Damit sind aber unsere kindlichen Träume und Wünsche keineswegs abgetan – im Gegenteil: sie treiben im Verborgenen ihr Unwesen, wir können sie nicht mehr sinnvoll integrieren in unsere Persönlichkeit. Daß wir auf diesem Wege schon ein ganzes Stück weit vorangekommen sind, dafür sprechen Wandlungen auf den gesellschaftlichen Feldern, wo nicht so sehr der tüchtige, realitätsangepaßte Erwachsene gefordert zu sein scheint; dort taucht verstärkt Kindliches, ja Kindisches auf: etwa in einer Freizeitkultur mehr und mehr auf dem banal-phantasielosen Niveau von Hobbys aus dem Kaufhauskatalog, im Vordringen sogenannter »naiver« Kunst, nicht zuletzt aber im Bereich religiöser Anschauungen mit der Zunahme frühinfantiler Vorstellungen voll kindlicher Magie und Omnipotenz.
Wohlgemerkt, es kann, gerade wenn man sich auf Freud berufen will, ganz und gar nicht um die Rückkehr zu romantischer Schwärmerei fürs unberührte Kind gehen. »Vom Kinde aus« oder »Wachsen lassen«, die Devisen schwärmerischer Reformpädagogen von einst, wollen wir nicht wieder beschwören. Aber stehen wir nicht in einer überspitzten Gegenbewegung dazu, wenn wir nun das Kindliche möglichst weit weg ver-

bannen? Und fällt nicht dieser Gegenbewegung auch die Anbahnung eines reiferen Umgangs mit der eigenen Kindheit, einschließlich der Zärtlichkeit zum Opfer?
In Verbindung damit: Ist unsere Erziehung tatsächlich so auf den einzelnen fixiert? Welchen Beitrag zur Liebesfähigkeit und damit also auch zum Glücklichwerden des Menschen leistet sie eigentlich, wenn emotionale Kontaktaufnahme, das Anbahnen nichtsachlicher zwischenmenschlicher Beziehungen, eben Zärtlichsein, so gering veranschlagt sind in der Hierarchie der Ziele?
Sind wir also meilenweit davon entfernt, gegenwärtig in unserer Erziehung junge Menschen zur Zärtlichkeit zu befähigen, so wollen wir uns mit dieser unerfreulichen Bestandsaufnahme allein nicht begnügen. Gerade unsere heutige Erziehungspraxis bedarf des utopischen Gegenbildes, will sie nicht ganz in der sich überall lähmend ausbreitenden Resignation steckenbleiben.
Unter welchen Bedingungen also ließe sich »Erziehung zur Zärtlichkeit« ins Werk setzen? Sicher, und daran sollte man bei allem Wunschdenken nicht vorbeisehen, wird auch in Zukunft die Hauptarbeit in diesem Bereich erzieherisch von den ersten und wichtigsten Lebenspartnern des Menschen, von den Eltern, zu leisten sein. Alle Bemühungen von Kindergarten, Schule, Kirche oder anderen werden hier nur »Nacherziehung« oder weiterführende Hilfe bereitstellen können.
Damit soll keine vorschnelle Entschuldigung ausgesprochen werden – im Gegenteil: je mehr die Familie in ihrer Funktion als Lernstelle gekonnter Emotionalität ausfällt (mehr und mehr zum Puffer für draußen angestaute Aggressionen wird), um so bedeutender werden die außer- und nachfamiliären Erziehungsetappen für den Menschen.
Weiterhin tun wir sicher gut daran, nicht allzusehr nach den Sternen zu greifen. Erziehung zur Zärtlichkeit wird sich wohl in naher Zukunft eher um die Voraussetzungen bemühen müssen, auf deren Basis sich dann junge Menschen und ältere Menschen in zärtlicherem Umgang begegnen können.
Zu solchen Voraussetzungen zähle ich hier zuerst den bewußteren Umgang der Erzieher mit ihrer eigenen Emotionalität, die ja bekanntlich auch ganz andere Regungen beinhaltet als diejenigen zärtlicher Natur. (Man will ja doch gar nicht immer Zuneigung entgegenbringen!) Wissen und Kenntnisse rein theoretischer Art reichen dabei kaum hin, eher schon eine gewisse Sensibilität und Entdeckerfreude in bezug auf eigene Wün-

sche, Phantasien, Sympathien und Antipathien in Erziehungssituationen – kurz ein Stück Selbsterfahrung.

Sodann gehört zu den lebenswichtigen Vorbedingungen für Entfaltungschancen zärtlicher Regungen und Gesten immer und überall eine pädagogisch höchst unmoderne Sache: nämlich Zeit. Nicht die Zeit, die Geld wert ist, auch nicht die, die man lieber einsparen möchte mit noch rationellerer Planung. Wohl aber die Zeit, die man Muße nennen könnte, die man sich und anderen schenken kann und will. Daß dies unserer von Konkurrenz beherrschten Schule genau entgegengesetzt ist, deutet auf den utopisch-revolutionären Gehalt der Idee einer Erziehung zur Zärtlichkeit – so unpolitisch dieser Gedanke auf den ersten Blick erscheinen mag.

Der Aspekt des Zeithabens weist mich persönlich auf den Religionsunterricht als einen möglichen didaktischen Horizont von Erziehung zur Zärtlichkeit. Zeit schenken und sich verschenken sind doch Themen, die für den christlichen Glauben nicht nur äußerliche Angelegenheiten sind. (Und: ist etwa die Vorstellung eines »zärtlichen Gottes« eine ganz und gar absurde?!)

Schließlich, und das erscheint mir als besonders wichtig, wird Zärtlichkeit nur da überhaupt am seelischen Horizont auftauchen können, wo man in einer Atmosphäre relativer Sicherheit lebt. Dem Fremden, dem Bedrohlichen und dem pausenlos sich Wandelnden gegenüber riskiert man keine zärtlich entgegenkommende Haltung, da duckt man sich oder trotzt.

Sicherheit, das gilt nicht nur in bezug auf die Außenwelt und für die Menschen, derer man als Lehrer oder Schüler einigermaßen versichert sein darf – um aktiv zärtlich sein zu können, muß man auch der eigenen Person ein gutes Stück weit sicher sein. Wenn wir den Psychotherapeuten glauben können, dann liegt gerade in der eigenen Unsicherheit die Charakterneurose unserer Zeit. Nur der nicht völlig in sich zerstrittene, von inneren Ängsten bedrohte Mensch kann sich mit Empathie und Phantasie dem anderen zuwenden, sich ihm dabei sogar ein Stück weit überlassen.

Der Zielbegriff der »Identität« ist in den letzten Jahren so etwas wie die Zauberformel zum Glück geworden, gerade auch bei Erziehungswissenschaftlern. Dabei wird oft übersehen, daß das keine Sache der intelektuellen Kapazität ist, und schon gar nicht etwas, das nur den einzelnen angeht. Eine Erziehung zur Zärtlichkeit, die den einzelnen seines »Ichs« versichern will, kann nur sinnvoll sein, wenn sie nicht den Traum der eigenen Allmacht bestärkt, sondern wenn sie ein realistisches Überschreiten der Ich-Grenzen zum Ziel nimmt. Gelingt dies aber je ohne Zärtlichkeit?

Hajo Jahn: Die ausgesperrte Zärtlichkeit

Eine Reportage

Mehr als 50 000 Männer, Frauen und Jugendliche in Westdeutschland leben hinter Gittern. Die Mehrheit ihrer Landsleute will mit ihnen nichts zu tun haben. Mehr als zwei Drittel der Bundesbürger lehnen einer Umfrage zufolge die Verbindung mit einem Inhaftierten ab. Die technischen Lebensumstände der Eingesperrten regelt die »Dienst- und Vollzugsordnung für die Justizvollzugsanstalten«. Die Vorschrift Nr. 106, Absatz 1 schreibt einen ausreichenden Luftraum, gute Lüftung und genügendes Tageslicht vor.

Absatz 2: Zellen, die zum Aufenthalt bei Tag und Nacht dienen, sollen mindestens 22 Kubikmeter Luftraum haben, die Fenster einer solchen Zelle mindestens einen Quadratmeter Lichtfläche. Und sie müssen den Zutritt frischer Luft gestatten.

Absatz 3: Zellen, die nur nachts und ausnahmsweise dem Aufenthalt in der Arbeitszeit dienen – gemeint sind also Schlafzellen –, sollen mindestens 11 Kubikmeter Luftraum aufweisen, die Fenster mindestens einen halben Quadratmeter Lichtfläche und den Zutritt frischer Luft gestatten.

Absatz 4: In gemeinsamen Räumen, die Tag und Nacht benutzt werden, sollen auf jeden Gefangenen mindestens 16 Kubikmeter Luft fallen.

Absatz 5: Wenn die Gefangenen in einem gemeinsamen Schlafraum untergebracht werden, sollen sie mindestens 10 Kubikmeter Luftraum haben, in gemeinsamen Arbeits- und Tagesräumen mindestens 8 Kubikmeter Luft. Die Durchschnittsgröße der Einzelzelle beträgt cirka sieben bis acht Quadratmeter.

Für Zärtlichkeit ist dabei kein Platz. Sie bleibt ausgesperrt.

Daß unter solchen Umständen Menschen ihre Persönlichkeit verändern, interessiert »draußen« kaum. Ein solcher Mensch ist Hermine M., die von professionellen Beruferatern als leichte Aufgabe eingestuft werden würde – falls sie etwa in der Fernsehsendung »Was bin ich?« auftreten könnte.

Ihre Brille: dezent modisch, mit gold-glänzenden Bügeln und Metallrahmen unten; oben eingefaßt in schwarzem Kunststoff.

Die Frisur scheint irgendwie den Filmschauspielerinnen der »goldenen UFA-Zeit« abgeschaut zu sein.
Dieses unscheinbare, zurückhaltende Wesen versucht bewußt, einen fraulichen Eindruck zu erwecken. Dazu passen die schwarzen Lackschuhe und beigen Kniestrümpfe. Alles Privatsachen. Kein Eigentum der Justizvollzugsanstalt.
Das Kleid: unauffällig, grün, kleines Karo, grob der Stoff. Wer nicht gleich auf Lehrerin tippt, der würde bestimmt Krankenschwester raten. Oder Kindergärtnerin. Jedenfalls einen typisch weiblichen Beruf.
Das Gesicht: völlig ungeschminkt. 13 Jahre Gefangenschaft hinterließen auf diesem Antlitz keine für den Besucher erkennbare Spuren. Keine auffallenden Falten. Keine Kerben. Überhaupt kein Prägel. Irgendwie abgestumpft. Doch nur eine Ahnung. Und eine Vergleichsmöglichkeit, wie sie früher einmal ausgesehen haben mag, gibt es nicht. Möglicherweise war sie immer schon ebenso unattraktiv, so unansehnlich wie jetzt im Alter von fast 37 Jahren. Vielleicht aber auch nicht. Zumindest besaß sie damals die Attribute der Jugend.

Hermine M. ist eine Mörderin. Jedenfalls nach landläufigen Vorstellungen. Schlimmer noch in den Augen der sogenannten Volksmeinung: Sie hat ihr eigenes Kind umgebracht.
Das alles erfahre ich erst später. Beim ersten Gespräch in einer Justizvollzugs-Anstalt auf dem platten Land im Rheinischen beantwortet sie nur das, was sie gefragt wird. Und auch das nur widerstrebend. Aber das ist ja bei dem anstehenden Thema auch nur zu gut zu verstehen. Denn schon Menschen in Freiheit tun sich schwer beim Offenlegen ihres Gefühlslebens. Ein Häftling reagiert bei Fragen nach seiner Intimsphäre noch empfindlicher. Wie sie denn den Ausschluß vom anderen Geschlecht empfinde, möchte ich in der »Frauenanstalt« von Hermine M. wissen. Ihre Antwort läßt minutenlang auf sich warten:
»Ich war ja sehr jung, als ich ins Gefängnis kam. Und verheiratet. Da spürt man schon, daß es den männlichen Partner nicht mehr gibt.«
Als ich nachfrage, antwortet sie langsam, zögernd und nach den passenden Worten suchend, mit denen man ein so heikles Thema behandeln kann – über das man ihrer Ansicht nach eigentlich doch nicht sprechen dürfte:
»Es fehlt das Körperliche an und für sich. Der ganze Umgang mit einem Menschen, der zu einem gehört. Der Kontakt.«

Doch nicht der Mangel an Sexualität quält sie, »sondern das Fehlen von Zärtlichkeit und Aussprache«.

Gleich nach Antritt ihrer Haft wurde sie geschieden:

»Wegen meiner Strafe«, sagt sie unbeholfen, jedoch ohne äußere Anzeichen von Nervosität, »indem ich straffällig geworden bin und dieses Urteil bekommen habe. Mein Mann hat sich scheiden lassen.«

Das Urteil: Lebenslänglich!

Mit einem »Ja« reagierte sie auf den Einwand, ob Trennung nur wegen der lebenslangen Haft erfolgt sei. Ob sie sich vorstellen könne, daß ihr Mann bei ihr geblieben wäre, weiterhin zu ihr gehalten hätte, im Falle weiterhin möglicher echter Kontaktaufnahme in regelmäßigen Abständen?

Über ihre schmalen, blassen Lippen kommt unsicher: »Das kann ich nicht sagen.«

Erst beim zweiten Besuch, der diesmal auch doppelt solange dauert wie beim erstenmal, rückt die schlanke Frau nach und nach mit ihren eigentlichen Gedanken und Empfindungen heraus, erzählt sie, warum sie eingesperrt ist. Wiederum muß ich jedoch dabei mehr raten, fragen und nachforschen, als still zuhören. Der Grund: Sie kann es sich einfach nicht vorstellen, daß der Besucher sie nicht ebenso verdammt wie seinerzeit das Gericht und vor allem die Öffentlichkeit (wenn denn schon gewisse Zeitungen Volkes Stimme repräsentieren) – weil sie »so etwas Schreckliches« beging. Wie sie sich selbst ausdrückt.

Eine Mutter, die ihr Kind ermordete, nach ihren Gefühlen, ihren Sehnsüchten und ihrer Sexualität zu fragen, das erscheint ihr grotesk. Ein schlechter Witz.

Sie, Hermine M., hat »ihr eigen Fleisch und Blut« umgebracht. So jedenfalls stand es damals reißerisch und dramatisierend in der Boulevard-Presse.

Und weil dem ja eigentlich auch so ist, meint sie, da dürfe man einfach kein Recht »auf so ›was‹« haben. Da verliert man doch alle Rechte. Auch das »Recht auf sich oder an sich selbst«. Da sollte man sich eigentlich nicht einmal mehr mit den eigenen Händen liebkosen, wenn man allein ist und Sehnsucht bekommt. Deshalb sei sie in solchen Fällen auch anfangs in der Anstalt davor zurückgeschreckt, ihren Schoß zu berühren, in dem sie ja auch ihr Kind empfing und aus dem sie es zur Welt brachte.

Mit der Zeit wurde jedoch die Tat immer unwirklicher – so, als habe nicht sie, sondern eine andere, ihr unbekannte Person, das Baby, einen Jungen,

umgebracht. Gleichzeitig mit dieser Distanz nahm das Schuldgefühl beim Masturbieren ab, erstaunlicherweise allerdings auch die Häufigkeit. Das Bedürfnis wurde verdrängt:
»Man kann sich ja andere Interessengebiete besorgen, um sich auf diese Art abzulenken und abzuschalten, nicht? Außerdem fehlt ganz einfach der männliche Partner. Ich würde sagen, dieser Anreiz, jemand in den Armen zu halten, zu fühlen und zu schmecken, ist nicht vorhanden.«
Solche Intensität der Sinnlichkeit kennt Hermine M., wie sie hinzufügt, nur vom Hörensagen im Knast. Oder aus den Pseudo-Porno-Zeitungen der bundesdeutschen Regenbogenpresse, die auch oder gerade in den Gefängnissen gelesen werden.
Für ihren Mann, einen Installateur, der sich jetzt als ungelernter Arbeiter durchschlägt, blieb sie stets ein willenloser Gegenstand, um seine eigene Lust zu befriedigen. Streicheln? Vorher, nachher oder nur so? »Das war nich drin, gab's überhaupt nicht.«
Ein Ofensetzermeister und seine Frau holten Hermine als Kleinkind im Alter von zwei Jahren aus dem Waisenheim. Dorthin war sie zusammen mit ihren vier Geschwistern eingeliefert worden, nachdem man den leiblichen Eltern das Sorgerecht von Amts wegen aberkannt hatte. Die nämlich konnten zwar Kinder zeugen, weil sie sonst kaum Spaß im Leben gehabt haben dürften. Nur: Ernähren konnten sie den Nachwuchs ebensowenig, wie ihn verhindern.
Bei ihren Pflegeeltern traf es Hermine M. relativ gut. Die Leute stellten ihre Kinderliebe unter Beweis, indem sie noch einen etwas älteren Jungen und ein weiteres, jüngeres Mädchen aufnahmen. Einziger Schönheitsfehler: Der brave Ofensetzer zählte zu jenem Zeitpunkt bereits an die siebzig, seine Frau schon über fünfzig Jahre.
Ob das Ehepaar die Kinder aus Eigennutz, gewissermaßen als Stütze für seinen Lebensabend geholt hatte, vermag Häftling Hermine M. nicht zu sagen. Darüber dachte sie noch nie nach. Als ihre erste Menstruation einsetzt, so erinnert sie sich allerdings, geht sie zum alten »Väterchen«, dem sie die meiste Zuneigung entgegenbringt. Er schickt sie, überfordert, zu »Mutti«:
»Die sagte mir dann nur, daß ich das jetzt jeden Monat bekommen würde und ich ja nur aufpassen solle, daß ich ihr bloß kein Baby ins Haus bringe.«
Ohne aufgeklärt worden zu sein, beginnt Hermine eine Stellung »als Mädchen« in einem Haushalt. Sie ist 16 und verliebt sich zum erstenmal.

Mit achtzehn, inzwischen arbeitet sie als Hausgehilfin und Büglerin »im Westen«, wird sie schwanger. Anlaß genug für ihre große Liebe, sich aus dem Staub zu machen; der Mann setzt sich ab nach Unbekannt, bleibt also für spätere Unterhaltszahlungen unerreichbar. Nach seinem Verschwinden folgt eine Zeit, die sie selbst Herumtreiberei nennt. Bei einem anderen Mann, der die Stromerin aufnimmt, läßt sie sich »be«-schlafen – »aus Dankbarkeit. Da hatte ich es wenigstens warm, ein Dach übern Kopf. Passieren konnte ja sowieso nichts mehr, weil ich ja in andern Umständen war.«
Aber »als der Bauch immer dicker« wird, liegt sie wieder auf der Straße, wird aufgegriffen und bringt ihr Kind »in der Fürsorge« zur Welt. Gerade dieses Heim behält die junge Mutter in angenehmer Erinnerung. Noch heute denkt sie gern daran zurück. Sie wächst förmlich auf ihrem Stuhl und meint voller Stolz: »Da habe ich die Haushaltsschule besucht und mein Examen abgelegt.«
Haste was, dann biste was. Immerhin ist ihr aus jener Zeit eine gewisse Geschicklichkeit geblieben, die ihr heute hilft, Plüschtiere auszustopfen. Hasen, Hunde. Kuschelig. Weich. Der Reinerlös fließt in die Leprahilfe. Die 36jährige, die auch gut und gerne als 45jährige durchgehen würde, so grau und unscheinbar wirkt sie, ist insgeheim stolz auf diese Tätigkeit. Dies Tun gibt ihr innerliche, vielleicht sogar körperliche Zufriedenheit. Zärtlich halten ihre rissigen, abgearbeiteten Hände das Spielzeug. Wie fast alle anderen 130 Frauen in dieser Vollzugsanstalt hängt sie Gardinen vor das Loch in ihrer Zelle, das ein Fenster sein soll. Die Knastatmosphäre soll möglichst ausgesperrt bleiben. Kleinbürgerliche Symbole machen den Kontrast zur Umgebung deutlicher, obwohl sie diese Umgebung ausschließen oder wenigstens neutralisieren sollen: Strick- und Häkelarbeiten, Puppen, Spitzendeckchen und Talismane, kitschige, bunte Bilder. Ein Vogel im Käfig: Liebes-Ersatz. Doch diese kleine Welt, in der sich die Sehnsucht nach der Welt draußen widerspiegelt, bekommt der Autor nicht zu Gesicht, sondern nur von der Interviewten geschildert. Und von der Anstaltsleiterin, in deren Büro – kaum größer als eine Zelle – das Gespräch stattfindet. Die Beamtin bleibt meistens mit im Raum, an ihrem Schreibtisch mit irgendwelchen Arbeiten beschäftigt. Nur gelegentlich, auf einen heimlichen Wink, verläßt sie für wenige Augenblicke das Zimmer, verschwindet nach nebenan. Die Tür bleibt jedoch angelehnt, fällt nicht ins Schloß. Der Vorschriften wegen. Denn ich bin ja ein Mann. Ein solcher darf eben nicht allein gelassen werden mit einer Lebenslänglichen.

Hermine brachte außer ihrem Examen ein Bedürfnis mit aus dem zweijährigen Fürsorgeaufenthalt: Den Wunsch nach einer festen Bindung, nach jemandem, der sie und – Gipfel all ihrer Sehnsüchte – vielleicht auch ihr Kind, ein Mädchen, mit aufnehmen würde.
Was sie findet, ist jener bereits erwähnte Installateur. Sie heiraten. Die Frau ist 21, er gerade ein Jahr älter.
Über eine eigene Wohnung verfügt das junge Ehepaar nicht. So bleibt das Kind im Heim. Denn der Wunsch von einst, mit dem Kind bei einem Menschen Geborgenheit zu finden, erfüllt sich anders, als erhofft: Ein Vierteljahr schon nach der Hochzeit kommt nämlich das nächste Baby. Dieses Mädchen, ein Acht-Monate-Kind und nicht eben kräftig, wird zur Schwiegermutter nach Bayern geschafft.
12 Monate später: Noch immer keine Wohnung. Aber die Geburt eines Jungen. Denn: »Präservative konnte ich nicht vertragen.« Andere Verhütungsmittel kannten weder sie noch ihr Mann. Beide hausten zu dieser Zeit in Nordrhein-Westfalens Glitzermetropole Düsseldorf. Allerdings getrennt auf möblierten Zimmern.
Wiederum ein Jahr weiter. Die Eheleute beziehen ein gemeinsames Zimmer. »Natürlich möbliert, aber wir waren zusammen.«
Inzwischen komplettierten nämlich unwillkommene Zwillinge die junge Familie: »Mit den beiden Säuglingen und dem Baby waren wir fünf Personen in dem kleinen Raum, zu dem es keine Küche gab. Wir hofften nur, so schneller von der Stadt eine richtige Wohnung zu kriegen, wenigstens eine Notwohnung.«
Hermine M. konnte zu dieser Zeit natürlich nicht mehr arbeiten. Die Kinder mußten versorgt werden.
Trauer empfand denn auch keiner der beiden, als einer der Zwillinge nach acht Wochen starb. »Schließlich kannte ich keine guten Schwangerschaften. Meine Beine waren jedesmal aufgeschwollen und ganz blau, wenn ich schwanger ging. Ich litt unter furchtbaren Krampfadern und Schmerzen. Bei den letzten Schwangerschaften schrieb mich der Arzt immer schon im zweiten Monat krank. Ab siebten Monat, später schon im sechsten, wurde mein Unterleib fast völlig steif. Ich konnte kaum noch gehen. Der Arzt im Krankenhaus sagte mir nach der letzten Geburt, daß es dabei um mein Leben gegangen wäre.«
Nach sechs Wochen starb dieser Säugling einen gewaltsamen Tod. Es war das sechste Kind der Hermine M. Nicht einmal ging sie während dieser vielen Schwangerschaften zur Mütterberatung oder ins Krankenhaus.

Dort erschien sie erst zu den jeweiligen Entbindungen. Schließlich war ihr »eingebleut« worden, daß Kinderkriegen etwas völlig Normales sei. Frauen sind eben da, um zu waschen, zu putzen, für den Ehemann bereit zu sein und, wenn's sein muß, Kinder zu gebären.

So sahen die Erfahrungen dieser Frau aus. Sie akzeptierte und erduldete stumm. Ihr Mann trank. Seine zweite Liebe gehörte den Skatkarten. »Wenn er ins Zimmer kam« – Hermine M. spricht von »Zimmer«, sie sagt nicht: »Wenn er nach Hause kam« –, »und wenn er dann nicht zu betrunken war, dann mußte ich sofort mit zu ihm ins Bett. Er ging stets gleich auf's Ganze.« Zärtlich? Nein, das war er nie. Wahrscheinlich hatte auch er nichts dergleichen gehört und gelernt.

Die Erinnerung an den Vater ihres ersten Kindes erscheint ihr, gemessen am Ehemann, direkt schön. Obwohl der sie sitzenließ. Jedenfalls »war er nett«, wenn (weil) »er etwas von mir wollte«. Der angetraute Mann dagegen forderte seine Rechte, auf die er einen Anspruch zu besitzen wähnte; sie jedenfalls sah es ebenso. Also tat sie ihre vermeintliche Pflicht. Obwohl sie »das alles« abstieß. Hinzu kam die ständige Angst, erneut »ein Kind zu kriegen, weil er ja nie aufpaßte. Ihm blieb das total egal. Hauptsache, daß ich da war und er mit mir schlafen konnte.«

Eine Abtreibung, die aus Gesundheitsgründen vielleicht sogar legal möglich gewesen wäre – diesen Gedanken schob sie stets weit von sich: »Erst einmal tut man so etwas nicht. Das gehört sich einfach nicht. Außerdem hatte ich von vielen Frauen gehört, so auf der Arbeit und auf der Entbindungsstation, was dabei alles passieren kann. Selbst wenn ich das Geld dafür hätte aufbringen können, um jemanden für einen ungefährlichen Abort zu finden – nein, davor hatte ich viel zuviel Angst.«

Warum sie keine anderen Möglichkeiten versuchte, etwa eine Tubenligatur, die Unterbrechung der Eileiter, um dadurch unfruchtbar und vor weiterem unerwünschten Kinder-»Segen« geschützt zu sein?

»Ach, Gott! Ja, wenn ich das damals alles schon gewußt hätte. Solche Möglichkeiten ... Vielleicht hätte ich. Ach, ich weiß nicht ...«

Erst bei der verhängnisvollen, der sechsten Gravidität sprach sie mit ihrem Hausarzt:

»Weil es mit den Beinen und dem Unterleib noch schlimmer aussah als früher, und weil ich es kaum noch aushalten konnte vor Schmerz. Da fragte der Doktor mich, ob es nicht vielleicht an meinem Mann liegen könnte, diese Unverträglichkeit bei der Schwangerschaft. Mein Mann hat an-

schließend auch gemeint, als ich das erzählte, daß er beim nächsten Mal sich untersuchen lassen würde.«
Beim siebenten Mal also.
Hermine M. spricht leise. Sie bemüht sich krampfhaft, die richtigen Worte zu finden, um bloß keinen Knast-Ausdruck zu gebrauchen. Wo es doch um so intime Dinge geht. Dabei wirkt sie scheu wie junge Mädchen in alten Novellen.
Mit den Frauen »hier im Haus spricht man nicht darüber. Oder kaum«, fügt sie hinzu. Es klingt durchaus glaubhaft, wenn sie versichert, daß sich bei ihr das Fehlen jeglicher gelebter Sexualität im äußeren Verhalten kaum bemerkbar mache: »Ich bin an und für sich ziemlich ruhig. Na ja, Stimmungen treten schon mal auf. Mehr aber auch nicht, mehr ist wirklich nicht.«
Beim zweiten Besuch meint sie jedoch im Verlauf des Interviews mit einem Anflug von Traurigkeit: »Abends dann, wenn ich im Bett liege, hört die Sehnsucht nach Zärtlichkeit eigentlich nie auf. Ich brauche nur ein Buch zu lesen oder eine Zeitung oder was im Fernsehen gesehen zu haben – wir haben dreimal in der Woche Fernsehabend –, dann wird das alles wieder wach. Ich bin ja auch noch gar nicht so alt. Dann denkt man, was man hätte anders machen können. Oder man malt sich bestimmte Situationen aus. Vor allem aus der Zeit, als ich noch nicht verheiratet war. Mein Freund, damals. Man liegt die halbe Nacht wach – das passiert mir schon recht oft. Ich beschwöre alles, was schön war, ohne aber zu wünschen. Dazu stehe ich zu fest auf der Erde.«
Sie kennt die Meinung der Mehrheit draußen vor den halbverputzten Backsteinmauern der Justizvollzugsanstalt. »Die da drinnen« dürfen kein Recht auf Sexualität haben. Eine Kindesmörderin am allerwenigsten. »So denkt die Gesellschaft«, meint Hermine M. Und so fühlt sie ebenfalls. Wäre sie außerhalb des Gefängnisses, würde sie wie die Mehrheit denken. Sie bringt Verständnis auf für solche engstirnigen Vorstellungen und Vorurteile. Nur ein klein wenig lüftet sie noch den Schleier, der ihre wichtigen Gefühle verbirgt: »Etwas Zärtlichkeit könnte man schon brauchen hier drinnen, ja. Für meine Person würde ich das jetzt sogar schon mehr behaupten als früher. Aber so richtig geht das nicht bei uns.«
Der letzte Satz wird von einem Seufzer begleitet. Die Frauen »besitzen« alle Einzelzellen, während die Männer auch zu zweit oder gar zu dritt zusammengesperrt sind.
An einen Mann zu denken, hat sich Hermine M. »aus dem Kopf ge-

Liefern Sie mir bitte über die Buchhandlung:

______ Cardenal, **Evangelium**

______ de Mello, **Gesang**

______ **Städte in Lateinamerika**

______ Ramirez, **Sandino**

Datum: Unterschrift:

Vorname

☐ Herr ☐ Frau ☐ Firma

Zuname

Straße, Hausnummer

PLZ Ort

Land

(D = Deutschland, CH = Schweiz,
A = Österreich etc).
Absender bitte „computergerecht" in Blockschrift eintragen. Ein Kästchen = ein Buchstabe.

Jugenddienst-Verlag
Peter Hammer Verlag
Postfach 20 04 15

5600 Wuppertal 2

Das Evangelium der Bauern von Solentiname
Gespräche über das Leben Jesu in Lateinamerika.
Aufgezeichnet von Ernesto Cardenal
DM 19,80

Ein Jubiläumsbuch: 25 Jahre Jugenddienst-Verlag! Ein Buch aus Lateinamerika, das Theologen und interessierte Laien gleichermaßen fesseln wird: In der Kirche von Solentiname in Nicaragua sprechen die Bauern und Fischer über das Evangelium: In die Gespräche fließen die konkreten Sorgen, Gedanken, Verzweiflungen und Hoffnungen ein. Ein unvergleichliches Werk der „praktischen Theologie".

Thiago de Mello
Gesang der bewaffneten Liebe
104 Seiten, Paperback, DM 12,–

Die Sammlung, vom Autor selbst zusammengestellt, enthält die eindrucksvollsten Texte aus allen Schaffensperioden des berühmten brasilianischen Lyrikers: Gedichte, Gesänge, Aufrufe, Betrachtungen und die bekannten „Horoskope" – Texte, getragen von tiefer Humanität, wunderbaren Sprachbildern, zerrissener Anklage und Sehnsucht nach Freiheit. „Wer Thiago de Mellos Texte liest, liebt den Autor, auch ohne ihn persönlich zu kennen."

Kajo Niggestich (Hg.)
Städte in Lateinamerika
180 Seiten, Paperback, DM 18,–

Diese Anthologie ist ein Stück lateinamerikanischer Wirklichkeit, empfunden und dargestellt von engagierten Schriftstellern dieses Kontinents mit der Besessenheit und Übersetzungskraft jener, die das Leid ihrer Mitmenschen sehen und über die Kraft verfügen, es plastisch zu beschreiben. Autoren: Jorge Amado, Jorge Enrique Adoum, Eduardo Galeano, Carlos Martinez Moreno, Augusto Roa Bastos, Octavio Paz, Juan José Sebrelli, Hector Tizon, Mario Vargas Llosa, Héctor Yanover u. a.

Sergio Ramirez
Viva Sandino!
160 Seiten, DM 16,–

Auf cirka 60 Seiten berichtet der nicaraguanische Autor die Geschichte und die Hintergründe des Sandinokrieges von 1927 bis 1933 gegen die USA-Truppen in Nicaragua und gleichzeitig gegen die von den USA abhängigen nicaraguanischen Truppen. Im zweiten Teil des Buches wird der Krieg mit Originaldepeschen, Zeitungskommentaren jener Jahre, Erlassen, Telegrammen, Briefauszügen, Aufrufen und Deklarationen belegt.

Vier Titel aus unserem neuen Programm! Wenn Sie diese Karte einschicken, informieren wir Sie gerne kostenlos und regelmäßig über unsere Arbeit.

schlagen«. Eheähnliche Besuche auf den Zellen, bei den verheirateten Frauen oder bei denen, »die eine starke Bindung haben, das würde ich begrüßen. Nicht für mich. Aber wenn ich wenigstens für einen kurzen Urlaub mal nach draußen käme ... Ich weiß nicht ... das müßte man drauf ankommen lassen ... Doch nein! Schauen Sie mal, wenn Sie viele Jahre getrennt sind vom anderen Geschlecht, und jeder Schritt wird Ihnen hier vorgeschrieben, auf deutsch gesagt ... Da würde ich mich gar nicht mehr zurechtfinden gegenüber Männern.«

Nach diesen von Pausen unterbrochenen Sätzen – so zusammenhängend und lang hat sie selten gesprochen – lacht sie: »Die erste Zeit hier war ja noch ein bißchen anders als jetzt die letzten Jahre. So wird man langsam gehemmt, wird man schüchtern, und man müßte sich erst wieder auf das andere Geschlecht einfühlen, wenn einem die Gelegenheit geboten werden sollte. Das richtige Empfinden muß man wieder fühlen lernen.«

Vier Kinder leben außerhalb der Einflußsphäre der Frau M. In humaneren Ländern als in der Bundesrepublik, wo man »Lebenslängliche« schon nach etwa zehn Jahren entläßt, wäre sie längst wieder in Freiheit. Hier wagt sie davon nicht einmal zu träumen.

Vor kurzem nahm die älteste Tochter Kontakt zur Mutter auf. Die beiden kannten einander bislang nicht. Das Mädchen: 18 Jahre. So alt war Hermine M. bei ihrer ersten Schwangerschaft.

Josef M. Häußling: Kein Recht auf Zärtlichkeit

I.

Aus »Hausordnungen für das Zuchthaus, die Arbeitshäuser und die Kreisgefängnisse« (22. Dezember 1842): in diesen Anstalten haben die Gefangenen ein beständiges Stillschweigen zu beobachten, und jede gegenseitige Mitteilung durch Gebärden, Blicke, Schrift oder sonstige Mittel ist verboten; sie müssen jedes unnötige Geräusch vermeiden und dürfen weder durch Zeichen, Gebärden, Klopfen noch schriftlich einander Mitteilung machen; Verfehlungen gegen diese Gebote werden disziplinarisch geahndet, wobei es dem Ermessen der vollziehenden Behörde überlassen ist, auch körperliche Züchtigung in Anwendung zu bringen; sub perpetuo silentio werden die Gefangenen in passender Anzahl in gemeinsamen Arbeitszimmern vereinigt und haben täglich elf Stunden zu arbeiten; für jedes gemeinsame Arbeitszimmer und gemeinsame Schlafzimmer wird ein Aufseher, beziehungsweise Aufseherin bestellt, wobei jeder Gefangene seine eigene Bettstelle erhält und auch hier, wie beim Aufstehen, das perpetuum silentium nicht gebrochen werden darf[1].

Wenig später heißt es im »Gesetz über den Strafvollzug im neuen Männerzuchthaus zu Bruchsal«, gegeben durch »Leopold von Gottes Gnaden, Großherzog von Baden, Herzog von Zähringen. Mit Zustimmung Unserer getreuen Stände« (6. März 1845): »... die Zuchthausstrafe ist künftig ... dergestalt zu vollziehen, daß jeder Sträfling in eine besondere Zelle gebracht und hier bei Tag und Nacht außer Gemeinschaft mit anderen Sträflingen gehalten wird« (§ 1). »Jeder Sträfling wird in seiner Zelle täglich wenigstens sechsmal besucht. Es werden hierbei die Besuche der Werkmeister, der Aufseher, gleich jenen der Geistlichen, der Aerzte, der Lehrer, der Directionsmitglieder, der Inspectoren ... mit in Rechnung gebracht ...« (§ 3). »Von Zeit zu Zeit kann er auch, so weit es für den Strafzweck unnachteilig ist, an Freunde oder Verwandte Briefe schreiben

1 Vergl. »Hausordnung für die 3. Haupt- und Normalanstalten in Württemberg«. In: F. C. Th. Hepp, Die notwendige Reform der Freiheitsstrafen und Strafanstalten in Württemberg; in: Zeitschrift für deutsche Strafverfahren einschl. des Gefängniswesens. Frankfurt 1847 – Neue Folge, 4. Band, S. 177 ff.

oder solche von denselben empfangen« (§ 4). »Die völlige Absonderung (§ 1) darf die Dauer von sechs Jahren nicht übersteigen ...« (§ 5)[2].
Und in den »Grundsätzen der Hauszucht in Strafanstalten« beklagt zur selben Zeit Jagemann, daß man die Verhältnisse in den Vollzugsanstalten mit den militärischen darin vergleichen könne, »daß die Gefangenen, so oft sie sich in Masse durch Haus und Hof bewegen, unbedingt auf Commando Folge zu leisten haben, während sie dagegen in den Zellen, eher didactisch oder Pädagogisch zu behandeln« wären[3]. Aber diese »Anknüpfung an das Soldatenwesen« habe die »Mißlichkeit im Gefolge, daß die Beamten und Aufseher, besonders aber Letztere einen lakonischen Redeton, und eine drakonische Strenge annehmen zu müssen glauben, die Gefangenen dagegen aus ihrer natürlichen bürgerlichen Haltung in militärische Formen, wie z. B. beim Marschieren und Salutieren überzugehen sich genöthigt sehen, wodurch diejenige Stimmung verkümmert oder ganz unterdrückt wird, in welcher ein Mensch für vertrauliche Unterredung, Belehrung und Gemüthsaufrichtung empfänglich« sei[4].
Weit über hundert Jahre später heißt es dann in der »Dienst- und Vollzugsordnung« (1961 bzw. 1966), dem unmittelbaren Vorläufer des jetzt geltenden »Gesetzes über den Vollzug der Freiheitsstrafe und der freiheitsentziehenden Maßregeln der Besserung und Sicherung« (1976) über das allgemeine Verhalten der Gefangenen: »(1) Der Gefangene hat sich der Anstaltsgewalt zu fügen und die Verhaltensvorschriften zu beachten. (2) Jeder Haftraum wird mit einem Stück der Verhaltensvorschriften ausgestattet« (Nr. 69); dem schließt sich in Nr. 70 der Hinweis an: »(1) Der Gefangene hat den Anstaltsbediensteten, den Beamten der Aufsichtsbehörde sowie Besuchern mit Achtung zu begegnen ... (2) Er darf mit einem Bediensteten nur sprechen, wenn er dazu aufgefordert wird ... (3) Zur Anstaltszucht gehört ein anständiges Benehmen des Gefangenen. Er hat die Bediensteten zu grüßen. Männliche Gefangene nehmen dabei die Kopfbedeckung ab. (4) Betritt ein Bediensteter den Haftraum, so hat der Gefangene seine Beschäftigung zu unterbrechen, sich zu erheben und eine ordentliche Haltung anzunehmen ...«; doch »(5) Unangebrachte

2 »Gesetz über den Strafvollzug im neuen Männerzuchthaus zu Bruchsal«, vom 6. März 1845, in: Zeitschrift für deutsche Strafverfahren einschließlich des Gefängniswesens, Hrsg. Jagemann, Noeller, Temme, NF V (1849), S. 175.

3 Ebd., L. von Jagemann, Die Grundsätze der Hauszucht in Strafanstalten, NF IV (1847), S. 144.

4 A.a.O.

Nachahmung militärischer Formen ist zu vermeiden«. Dann kommt aber in Nr. 74 »Verhalten der Gefangenen untereinander und gegenüber anderen Personen« erneut die Warnung: »(1) Jeder nicht ausdrücklich erlaubte Verkehr der Gefangenen untereinander oder mit anderen Personen ist verboten. (2) Während der gemeinschaftlichen Arbeit und in Gemeinschaftshaft während der Freizeit dürfen die Gefangenen in ruhiger und angemessener Weise miteinander sprechen. Die Sicherheit und Ordnung, besonders auch im Arbeitsablauf, dürfen dadurch nicht gestört werden. (3) Während der Ruhezeit hat Stillschweigen zu herrschen.«[5]
Und dann wieder einige Jahre später formuliert das »Strafvollzugsgesetz« von 1976, daß »das Leben im Vollzug ... den allgemeinen Lebensverhältnissen soweit als möglich angeglichen werden« soll, daß man »schädlichen Folgen des Freiheitsentzuges ... entgegenzuwirken« habe (§ 3)[6]. Darüber hinaus kann Urlaub erteilt werden (§ 13), können die gemeinsam arbeitenden Gefangenen »während der Freizeit ... sich in der Gemeinschaft mit anderen aufhalten« (§ 17), können sie »während der Ruhezeit gemeinsam untergebracht werden, wenn eine schädliche Beeinflussung nicht zu befürchten ist« (§18); ebenso soll »für die körperliche und geistige Gesundheit des Gefangenen« gesorgt werden (§ 56), soll in der Freizeit Gelegenheit für »Freizeitgruppen« und »Gruppengespräche« gegeben werden (§67). Dagegen dann wiederum im Titel »Sicherheit und Ordnung« zunächst der »Grundsatz«: »(1) Das Verantwortungsbewußtsein des Gefangenen für ein geordnetes Zusammenleben in der Anstalt ist zu wecken und zu fördern« (§ 81), wie erneut die »Verhaltensvorschriften« in § 82: »(1) Der Gefangene hat sich nach der Tageseinteilung der Anstalt (Arbeitszeit, Freizeit, Ruhezeit) zu richten. Er darf durch sein Verhalten gegenüber Vollzugsbediensteten, Mitgefangenen und anderen Personen das geordnete Zusammenleben nicht stören«, er hat den Anordnungen der Vollzugsbediensteten folge zu leisten, die »unmittelbaren Zwang«, das heißt »Einwirkung auf Personen oder Sachen durch körperliche Gewalt«, ihm gegenüber dann anwenden dürfen, wenn die Durchführung der Vollzugs- und Sicherungsmaßnahmen durch das Verhalten des Gefangenen gefährdet wird (§§ 94 ff.).

5 »Dienst- und Vollzugsordnung«, vom 1. Dezember 1961, eingeführt durch bundeseinheitliche Vereinbarung der Landesjustizverwaltungen (geändert 1. 1. 1966), in: Strafvollzug – Strafverfahren 2, Luchterhand Texte, Darmstadt 1969, S. 93 ff.

6 Gesetz über den Vollzug der Freiheitsstrafe und der freiheitsentziehenden Maßregeln der Besserung und Sicherung – Strafvollzugsgesetz (StVollzG), vom 16. 3. 1976 – BGBl. I 1976, S. 581.

II.
Sind Blick, Gebärde oder Rede untereinander solche Gefährdungen? Stellen sie den Vollzugszweck in Frage, oder fordern sie gar den »unmittelbaren Zwang« heraus, weil eine auf Transparenz geordneten Gefangenenverhaltens angelegte Sicherungsmaßnahme an dieser wortlosen Kontaktnahme zweier eingeschlossener Menschen endet? Wohin fällt der einzelne sub perpetuo silentio mit seiner auf den geheimen Dialog mit dem anderen angelegten Ausdruckswelt? Wie soll er Leben berühren können, wenn man ihn vom menschlichen Kontakt auf bloße Gegenstände abdrängt – und alle Zärtlichkeit in bloße Sexualität pervertiert, da damit die Gegenstandswelt gerettet scheint? Bleibt es beim melancholischen Bild des langjährigen Knastinsassen, der seinem Plüschlöwen vier Filzpantoffel für den Zellengang anzog? Oder wie soll man unterscheiden, wo das in »angemessener Weise miteinander Sprechen« über die Sympathiegrenze schlägt und das »geordnete Zusammenleben« stört?
»Ich sehne mich nach Liebe und Zärtlichkeit«, stand in einem Brief eines erneut wieder Einsitzenden, »aber ich kann sie nicht finden; ich finde mich immer wieder mit meinen eigenen Geräuschen allein vor der Wand.« Man könne vielleicht den Sonntagsgottesdienst in der Anstalt umfunktionieren, fährt der Schreiber fort, und während der Zeremonie alle die kleinen Berührungen durchlaufen, mit denen man hier ohne viel Worte auskommen muß; doch schon gerät alles in den Bereich der ebenso unerläßlichen Tauschgeschäfte Bilder gegen Stoff, Stoff gegen Tabak, Tabak gegen einen Briefentwurf an den Strecker; und schon überdecke diese gebieterische Seite der unmittelbaren Existenz die verlangende, aber viel verschwiegenere andere. Alles wird kontrolliert, alles verboten, wenn es sich nur so unter der Oberfläche zu artikulieren sucht, wenn es trotz Kontaktaufnahme ohne Worte auszukommen scheint. Darum gibt es ja neben der weithin sichtbaren Pornographie an den Zellenwänden die weniger ins Auge fallende Welt der kleinen Zeichen; kann die erstere leicht kanalisiert, leicht auf banale Selbstbefriedigung hin kontrolliert werden, die zweite entgeht der Überwachung und spricht allenfalls auf ihre Art aus der tätowierten Rose auf der Oberseite des linken Unterarms oder kommt über ein kaum vernehmbares Schürfgeräusch an der Wand an das Ohr des unsichtbaren anderen.
»Zärtlichkeit von Mißtrauen belastet«, schrieb kürzlich eine große Tageszeitung, um mit dem dazugesetzten Untertitel das ganze Unverständnis für diese besondere Ausdruckswelt aufzuzeigen; denn mit »Sexualität

hinter Gittern: Gefängnisurlaub als einzige Lösung?« war von dem eigentlichen Anlaß dieser Meldung nichts getroffen. Weibliche Häftlinge hatten eine Eingabe an den Petitionsausschuß eines Landtages gemacht und geschrieben: »Jede Geste der Zuneigung, der Zärtlichkeit, jede Berührung, jedes Sichgutverstehen wird von Mißtrauen, von diskriminierenden Bemerkungen, von Aktivitäten von seiten des Personals, das glaubt, das verhindern zu müssen, belastet.« Und in dieser Vollzugswelt, wo die Behandelten so leicht über die Grenze vom Subjekt zum Objekt hinübergleiten, wo die Normalgesellschaft sich von dieser Gruppe mehr absondert, als man es nach den Reden des einzelnen vermutet, in dieser Vollzugswelt entzieht eine untereinander gelebte Zärtlichkeit die Beteiligten aller Manipulation von außen: da sie sich als unverwechselbare Dialogpartner entdecken, haben sie für ihren Teil herausgefunden aus dem bis ins Detail vorprogrammierten Leben für lebendige Versatzstücke. Und diese Selbstgestaltung des Vollzuges scheint weder der Gesetzgeber zu wollen, noch die das Gesetz im Vollzug Realisierenden zu dulden.
Nicht nur Abwesenheit dieser besonderen Form der Selbstgestaltung des Strafvollzuges im Miteinander der Gefangenen kennzeichnet bisherige Regelungen, sondern darüber hinaus Trennung und Isolierung der Gefangenen unter sich, so als ob die helfende Einflußnahme im Hinführen an die »allgemeinen Lebensverhältnisse« nur und ausschließlich aus der heilen Welt von außen kommen könne. Trotzdem aber entfaltet sich unter den Gefangenen eine besondere Form der Zärtlichkeit, die sich stets abzusichern sucht vor der ordnungsliebenden Überwachung; sie hat ihre schützende graue Außenseite scheinbar angepaßten Verhaltens, und sie leben dahinter voll und ganz sich selbst, auch wenn man ihnen kein Recht auf Zärtlichkeit zu geben scheint. Doch in diesen Bereich reicht gerade dieses Recht nicht hinein.

Stellungnahmen zum Thema Zärtlichkeit

Die Redaktion des »Almanach 10« bat einige Autoren früherer Ausgaben des »Almanach« um möglichst kurze Statements, Stellungnahmen oder persönliche Eindrücke zum Thema Zärtlichkeit. Alle 13 eingegangenen Texte drucken wir hier in alphabetischer Reihenfolge ab: eine kleine Sammlung individueller Perspektiven.

Elisabeth Alexander:

Obzwar ich mich als eine sinnliche, leidenschaftliche, Lust liebende Frau verstehe, habe ich Zärtlichkeit nur mit dem Kind in Verbindung bringen können. Zärtlichkeit war und ist für mich identisch mit dem Wort Agape. Ich verschenkte sie am üppigsten, wenn ich das neugeborene Kind allein und intim im Wochenbett mit meinen Worten, meinen Händen, meinen Gedanken verwöhnen und einleben konnte. In diesen Wochenbettagen liebte ich das Kind mit einer vielleicht animalischen Zärtlichkeit und sprach so zu ihm, als ob wir seit meinem Leben beisammen wären.
Diese intensive und besondere Zärtlichkeit geschah zunächst unbewußt, danach verstand ich sie als einen Ausnahmezustand der Empfindungen. Weil solche Zärtlichkeit unbedingt ohne Gegenzärtlichkeit bleibt, lernte ich die Zärtlichkeiten in der sexuellen Liebe anders deuten. Sie geschehen zielabhängig. Männer nannten meine Zärtlichkeiten brutal, sicher ist das so, denn alles überspitzte, zärtlich sein sollende Angefasse, betrachte ich als ein Heucheln, da es zwecklüstern ist. Zärtlichkeit, die ich für ein Kind habe, ist auch jetzt noch nicht auf Ziele und Zwecke abgerichtet. Ein Kind benötigt die Zärtlichkeit als Lebenselement, als Lebenspfähle.
Eine Zeit, die Sex an erste Stelle stanzt, die Kinder entweder völlig ablehnt, sie gar nicht erst gebären läßt, hat die Mitte verloren. Für mich sind Zärtlichkeit und Kind die Mitte. Kommerzgefühle sind materialistische und optische Zeitvertreibe. Deshalb besetze ich das Wort Zärtlichkeit mit dem Wort Kind. Und Kind und Zärtlichkeit und Sexualität

waren einmal so innig miteinander verwoben wie das überflüssig gemachte Bild der Heiligen Familie. Es kann kein Unterricht in Zärtlichkeit erteilt werden, es kann aber jeder zärtlich sein, hätte er statt Besitzgierigkeit den Mut, seinen menschlichen Empfindungen zu leben, zu bekennen, daß er die Zärtlichkeit als Wärmemittel braucht.

Josef Büscher:

Zärtlichkeit ist das A und O der Liebe. / Liebe ohne Zärtlichkeit ist wie eine Mahlzeit ohne Salz. / Zärtlichkeit ist der Katalysator der Liebe. / Sie ist das Tüpfelchen vom »i«, die Krone, die eine Königin erst zur Königin macht. / Sie adelt die Liebe und haucht ihr den Geist Gottes ein.
Sie ist immer gut, immer edel, immer selbstlos. / Ich kenne keine Regung, die einen Menschen sympathischer macht. / Erst der Verlust von Zärtlichkeit bei vielen Menschen ermöglichte das große Unbehagen unserer Zeit. / Erst verkümmert es die Gabe menschlicher Zärtlichkeit, dann trocknet es seine Fähigkeit zu lieben aus, jenes inhumane Prinzip zur höchsten Norm gemacht, das Menschen nur nach ihren Leistungen mißt.

Ingo Cesaro:

Wie Fingerabdrücke. – In einer Zeit der Vereinsamung, hervorgerufen und bedingt durch verschiedenste Kommunikationsschwierigkeiten, haben unsere Zärtlichkeiten wieder eine große Bedeutung erreicht. Obwohl es sich teilweise um sprachlose Zärtlichkeiten handelt, sehnen wir uns danach. Unsere Zärtlichkeiten sind wie Fingerabdrücke, die wir im Lebenskarussell hinterlassen.
Wer erinnert sich nicht an ein zwei Punkte in den Augen der Geliebten, an flüchtige Berührungen, die noch nach Jahren stark in der Erinnerung geblieben sind. Der sie schenkte und für den sie bestimmt waren, wird manchmal nicht aufhören können, sich daran zu erinnern.
Zärtlichkeiten sind ein Grundthema in der Poesie, auch in unserer Zeit.

Ein zwei Worte, ein Satz, der bei einem Leser der Auslösepunkt für Erinnerungen an empfangene Zärtlichkeiten sein kann.
Neben anderen – auch aktuelleren – einer meiner Gründe, heute Gedichte zu schreiben.

Ingeborg Drewitz:

Zärtlichkeit ist Fingerspitzengefühl, ist Hautgefühl, ist ohne Intimität nicht erlebbar, Intimität zwischen Mann und Frau, zwischen Mann und Mann und Frau und Frau, zwischen Mutter und Kind, zwischen Vater und Kind. Kann Zärtlichkeit zu einer öffentlichen Lebenshaltung werden? Ich glaube nein, weil Intimität nicht öffentlich werden kann. Und doch rührt das junge Liebespaar, das sich auf der Straße küßt, rührt mütterliche Zärtlichkeit in den Wartesälen des Lebens, können intime Gesten, im Tanz oder in der Pantomine, auf der Bühne, im Film sublimiert, verdeutlichen, daß es unter der schroffen und allzu trainierten, bestenfalls freundlichen Gleichgültigkeit aller gegen alle etwas gibt, das zwei, das wenige miteinander verbindet, ja, sie vereinen kann. Zärtlichkeit im sexuellen Vor- und Nachspiel ist nicht auf den Menschen beschränkt, spielt in der Tierwelt eine bedeutende Rolle bis hinein in die hochentwickelten Balzrituale. Mag sein, daß Zärtlichkeit darum in der Theologie und der Philosophie kaum ein Wort ist, weil hier um Gemeinschaft jenseits der Intimität gerungen, die sonderlich menschliche Qualität zur Gemeinschaft herauskristallisiert wird. Aber wer die Klosterliteratur des Mittelalters kennt, wer die geschnitzten und gemalten Altäre in Dorfkirchen kennt oder auch die Madonnenbilder eines Stefan Lochner, weiß, daß die gelebte Lehre von Gott ohne Zärtlichkeit ärmer wäre. Und wer die Philosophie und die Dichtung der Epochen zusammen sieht, weiß, daß die Zärtlichkeit immer wieder in die Denkstrukturen eingebrochen ist, daß z. B. Leibniz und Paul Gerhard und Gryphius oder Descartes und Corneille, der deutsche Idealismus und die Romantik nicht zufällig epochengleich sind. Zärtlichkeit zu bejahen ist nicht so schwer, wie Zärtlichkeit als Überlebenspotential zu benennen, das in der Geschichte und in der Erinnerung der Menschen, die im 20. Jahrhundert leben, nachweisbar ist: Familien auf der Flucht (wie oft und wo überall!), Liebespaare in den stinkenden Boudainvilles oder Favelas und die Szenen, die aus Hiroshima berichtet worden sind. Das Fingerspitzengefühl, das Hautgefühl ist unversehrbarer als das Bewußtsein, vielleicht eine Chance für uns alle, die wir an die Zukunft der Menschen glauben wollen.

Burckhard Garbe:

Pazifistischer Ozean zärtliche sind zärtlich zu zärtlichen zärtliche sind zärtlich zu nichtzärtlichen nichtzärtliche sind nichtzärtlich zu zärtlichen nichtzärtliche sind nichtzärtlich zu nichtzärtlichen zärtliche sind zärtlich zu zärtlichen wie nichtzärtlichen nichtzärtliche sind nichtzärtlich zu zärtlichen wie nichtzärtlichen zärtliche können nichtzärtlich sein zu zärtlichen oder nichtzärtlichen nichtzärtliche können nicht zärtlich sein zu zärtlichen oder nichtzärtlichen das zärtliche verhalten von zärtlichen gegenüber zärtlichen wie nichtzärtlichen ist zärtlichkeit das nichtzärtliche verhalten von nichtzärtlichen gegenüber zärtlichen wie nichtzärtlichen ist nichtzärtlichkeit die nichtzärtlichkeit von nichtzärtlichen gegenüber zärtlichen wie nichtzärtlichen ist aggression die zärtlichkeit der zärtlichen gegenüber zärtlichen wie nichtzärtlichen ist verzicht auf aggression *meer zärtlichkeit.*

Kurt Küther:

Das Wort Zärtlichkeit ist weder im Philosophischen Wörterbuch noch im Lexikon der Erotik zu finden. Aber ich habe es gefunden im Taschenwörterbuch der Synonyme. Zärtlichkeit als Synonym für Schmeichelei – Liebkosung – Getändel. Es steht auch das Wort zärtlich da als Synonym für liebevoll – innig – herzlich.
Zärtlichkeit muß also etwas sehr Schönes sein. Doch wo erfahren wir Zärtlichkeit? Sicher als Säugling an der Mutterbrust oder als Kleinkind. Aber weder in der Schule noch im Beruf habe ich Zärtlichkeit erfahren, nur den Stock, die schlagende Hand, die Zurechtweisung. Erst später in der ersten Begegnung zwischen Mann und Frau taucht sie wieder auf. Doch wie unzärtlich können Mann und Frau im Streit sein, im Haß aufeinander, im Haß, der ganze Kriege auslösen kann, der ganze Völker vernichten kann. Die Menschen, Mann und Weib müssen sich also zur Zärt-

lichkeit erziehen, damit wir sie nicht nur im Taschenbuch der Synonyme finden als Wort, als Synonym für Schmeichelei – Liebkosung – Getändel.

Antje Lange:

Zärtlichkeit? Zärtlichkeit!
Ganz früher habe ich gedacht, Zärtlichkeit ist, wenn man seine Hand in die Manteltasche des Erwachsenen steckt, der neben einem geht, und der läßt das nicht nur zu, sondern freut sich sogar darüber.
Eine lange Zeit, da war ich schon größer, habe ich gedacht, der ist zärtlich, der einen streichelt und immer sagt: »Ist doch gut!« und: »Wird schon werden!«
Zwischendurch hatte ich den Eindruck, daß Zärtlichkeit Betrug ist, weil sie morgen nicht zählen, die liebevollen Gesten und Worte von heute.
Damals dachte ich noch, Zärtlichsein sei etwas Privates, hilfreich und schön für den Augenblick.
Da hatte ich noch nicht gepackt, was ich inzwischen gelernt habe:
der Lehrer, der sich nicht anpassen will;
der Pfarrer, dem die Predigt nicht glatt von den Lippen kommt;
der Mann vom Arbeitsamt, der nicht sonor zu den Arbeitslosen spricht;
der Arzt, der nur zögernd Seditativa verschreibt;
der Leichenbestatter, der keine Trostworte parat hat,
sie sind zärtlich – und unbequem.
Gegen flüchtigen Trost setzen sie Hoffnung,
gegen Vergessen Klarheit,
gegen Mitleid für heute Trost für morgen.
Diese Zärtlichkeit meine ich.

Carola Lepping:

Seltsam bewegend an einem Dienstagnachmittag im späten August in Bergamo auf der Via Colleoni der Anblick einer Kretin-Wüchsigen, die ein kleines Kind führt. Der für sein Alter eher hochgeschossene Locken-

kopf, noch ganz ein Bambino in seinem Gebaren, wird von der Alten, die es nur um wenige Zentimeter überragt, an der Hand gehalten, mit einer andächtigen Sorgfalt, das breite Gnomengesicht erleuchtet von einem Ausdruck des Glücks.
Diese Kostbarkeit: ein schönes, ein richtig gewachsenes Kind – dieser wirkliche Tesoro – wird die ansteigende, menschenreiche Via Colleoni hinaufgeleitet.
Feierlicher Zug, die Hand der Frau hält in gleicher Höhe die sehr kleine Kinderhand. Schon das starke gelbe Nachmittagslicht von Colle San Vigilio her in beider Züge, ziehen sie dahin. Ausgenommen von der Alltäglichkeit und dem Lärm eines Dienstags im späten August der Citta Alta, ein kleines fremdes Botenpaar aus der Welt der Ausgezeichneten, der von Zärtlichkeit geheimnisvoll Beglückten.

Helmut Lotz:

zärtlichkeit ist die elementarste ausdrucksform einer liebe:
ich investiere mich selbst, meine ganze person.
hier wird das du greifbar und faßbar.
sie sagt mehr als jedes mögliche wort, die dimension der
zärtlichkeit.

Jo Micovich:

Der Irrtum: Zärtlichkeit sei nur Geste. Wenn mich der letzte Schritt einer Folge von Schritten erreicht, wenn ich die äußere Form meiner Empfindungen darstellen darf, gelingt Vollständigkeit. Aber die Veränderung des Auges, der Inhalt eines Satzes, Handlungen – das kann das gleiche vermitteln, die Geste kann entfallen. Sie ist nichts ohne die Zuwendung, die ihren Hintergrund bildet, so daß also, meine ich, Zärtlichkeit Zuwendung ist, die wir empfangen oder geben. Gültig: einen Augen-Blick, es ist keine Sicherheit davon zu erwarten, keine Gewohnheit. Zärtlichkeit ist zweckfrei, will nichts erreichen als ihre Selbstdarstellung. Ereignet sich das gleichzeitig von dir zu mir, vollzieht sich das immer Erwünschte, Ersehnte, Erträumte: ein Moment der Vollkommenheit, Einheit mit dem Weltganzen.

Jusuf Naoum:

Als ich noch Kind war, wollte ich oft meine Mutter streicheln. / Leider bekam ich jedesmal von ihr eine Ohrfeige, / sie hatte keine Zeit für mich. / Und wenn ich meinen Vater streicheln wollte, / bekam ich von ihm Dresche, / er hatte auch keine Zeit für mich. In der Schule wollte ich die Lehrerin gerne streicheln, sie hatte es mir aber verboten. Dann begann ich zu klauen und jedes Mädchen zu schlagen.

Rupert Schützbach:

Mit Zärtlichkeit kann man rechnen: Man kann sie hinzufügen, wegnehmen, vervielfachen, teilen. Zeit meines Lebens habe ich mit Zärtlichkeit gerechnet. Nicht allein deshalb, weil ich sie manchmal kaufen muß. Auf Zärtlichkeit zum Nulltarif Zärtlichkeit, die teuer zu stehen kommt. Teuer, weil sie billig ist, eitel ist, protzt, provoziert, frustriert, aggressiv ist, Voyeure auf den Plan ruft, Blessuren hinterläßt. Teuer letztlich, weil sie sich als Ersatz-Zärtlichkeit entpuppt, als Klischee-Zärtlichkeit, kosmetische Zärtlichkeit, als solche aus zweiter Hand.
Am intensivsten meine Zärtlichkeit, wenn ihr eine Galgenfrist gesetzt. Zärtlichkeit, ein Kind seiner/meiner Zeit, ein Kind ohne Alter, ein Kind im Mann, eine Kindfrau. Zärtlichkeit, ein Kapitel für sich; Liebe ein verwandtes; Sex ein anderes. Kurios: Mehrzahl ist hier weniger als Einzahl, Zärtlichkeiten nicht soviel wie Zärtlichkeit. Mit Zärtlichkeit einem entspannten Abend, einer Urlaubsstunde, ja einer Krankheit Profil verleihen; im Alltag mißlingt dies. Streß stranguliert die Zärtlichkeit.
Zärtlichkeit schwimmt gegen den Strom, wird wirksam nach Häutung der rauhen Schale, erzielt eine mentale Tätowierung des Subjekts/Objekts, auf das sie gerichtet. Zärtlichkeit: à la carte, ambivalent, ambulant, sta-

tionär, mondän, hausbacken, heiter, deprimiert, pervers, mitunter natürlich: Zärtlichkeit, deine tausend Gesichter! Mit keinem davon ist zu spaßen.

Peter Schumann:

Tagebuch/oktober 1971; aus der zeit mit beatrice/

8. 10.
dein blick zwingt mich zur liebe.

9. 10.
schön – alles ist schön! deine augen denken so klar, dein mund sieht nur liebe, dein langes haar weht mir entgegen.

11. 10.
du hast mich glücklich gemacht – dein lächeln blieb zurück und der liebliche geruch deines körpers.

13. 10.
des nachts wach gelegen; wann darf ich dich endlich überall küssen, überall streicheln?

15. 10.
zu kurz der tag. der nächste tag schön – die erwartung um jede kleinigkeit auf neuem zu entdecken.

16. 10.
ein ersehnter kuß erwacht – der nur dich erreichen möchte.

17. 10.
liebe schafft seltsame gedanken.

18. 10.
ich bin über und über glücklich! deinen körpergeruch nehme ich mit ins Bett – meine nase verborgen in der achsel und die augen geschlossen.

21. 10.
wenn ich an dich denke, wenn ich dich sehe, habe ich einen ewigen hunger auf zärtlichkeit.

23. 10.
traum: auf einer wolke haben wir gesessen und uns gern gehabt.

28. 10.
nicht gesehen aber deine stimme in mein ohr gelegt.

29. 10.
dein atem der mich nachts in der leeren betteinsamkeit vor sehnsucht weinen läßt.

30. 10.
auch im traum darf ich deine augen, deinen mund, deine brust küssen.

LIEBE – BEFREIUNG Eine Anthologie lateinamerikanischer Gegenwartspoesie Herausgegeben von Kajo Niggestich Übersetzungen, wenn nicht anders angegeben, von Jürgen Winter, Dieter Lamping, Frieder Hammer und Hermann Schulz

Inhalt

Panama

Paraguay

Peru

El Salvador

Uruguay

Liebe – Befreiung. Eine lateinamerikanische Lyrikanthologie

Daß Lateinamerika große Erzähler in den letzten Jahren hervorbrachte, hat sich inzwischen herumgesprochen, daß aber auch die Lyrik große Namen vorzuweisen hat, ist – von einigen Ausnahmen einmal abgesehen – weniger bekannt. Die Lyrik, die hier vorgestellt werden soll, hat Gebrauchswert. Es sind politische Sachverhalte, die den ästhetischen Mehrwert der »reinen Poesie« verdrängen und die Ähnlichkeit subjektiven Erlebens quer durch den Kontinent herausstellen. Dort wo politische und wirtschaftliche Dependenz am stärksten spürbar sind, da häufen sich auch die Stimmen, die eindringlich und überzeugend nach Freiheit rufen.

Wer sich ein Bild vom gegenwärtigen Stand der lateinamerikanischen Poesie machen will, ist angewiesen auf die Mitarbeit seiner lateinamerikanischen Freunde, und er muß zurückgreifen auf jene in unzähligen Zeitschriften verstreute Poesie, aus denen sich auch am besten ein kritisches Bild vom Selbstverständnis der beteiligten Dichter gewinnen läßt. Alle diese Zeitschriften, ob es sich nun um *El escarabajo de oro*, um *Delfín y Cormorán* oder um *Crisis* in Argentinien handelt, um *El Corno Emplumado*, *Diálogos* oder *Plural* in Mexiko, um *La pájara pinta* (El Salvador), um *El techo de la ballena* (Venezuela), um *El pez y la serpiente* (Nikaragua), um *Café Literario* und *Alero* in Guatemala, um *Imagina* (Costa Rica), um den *Caimán barbudo* oder die Zeitschrift des *Casa de las Américas* in Kuba, um *Presente* (Honduras), um *Amarú* (Peru) oder *Versus* (Brasilien), sie kreisen alle, trotz großer geographischer Entfernungen voneinander und unterschiedlicher politischer und sozialer Ausgangspositionen im jeweiligen nationalen Kontext, um das Thema der Befreiung: Befreiung von kultureller Bevormundung, von wirtschaftlicher Abhängigkeit und Sachzwängen, von der Zensur durch Militärregierungen, die inzwischen – mit Ausnahme von Mexiko, Venezuela und Kolumbien – die Macht in Lateinamerika ausüben und die souverän bestimmen, welche Inhalte das Wort *Demokratie* in ihrem Machtbereich haben darf; Befreiung von Analphabetentum und sozialer Rückständigkeit, Befreiung von den Großgrundbesitzern, den »Vendepatrias« und einem oftmals konformistischen Episkopat der katholischen Kirche, von politischer Lüge und schmarotzender Vetternwirtschaft, Befreiung von Folter, Verfolgung und physischer Vernichtung jener Unerschrockenen, die es wagen, die Wahrheit offen zu sagen.

Die Schriftsteller in Lateinamerika sind in eine neue Rolle hineingewachsen, sie fühlen sich berufen, mit ihrem Wort am Prozeß der politischen Bewußtmachung mitzuwirken. Auffallend ist die hohe Zahl jener Dichter und Schriftsteller, die neben ihrer künstlerischen Arbeit in irgendeiner Weise journalistisch tätig sind und damit den täglichen zähen Kampf um Wahrheit und Lüge miterleben. Ihre Poesie ist der Klartext einer unter dem Druck der Zensur verschleierten Information. Sie wissen, daß sie in einer Zeit öffentlich institutionalisierter Lügen eine historische Verantwortung für die Aufklärung derjenigen übernommen haben, die Frantz Fanon (1925–1961) »die Verdammten dieser Erde« nannte. Der Dichter macht sich zum Sprecher der schweigenden oder zum Schweigen gebrachten Mehrheit. Seine Literatur ist eine Waffe. Der Argentinier Cortázar z. B. sagt, daß seine Literatur sein Maschinengewehr sei, und in Deutschland erschienen chilenische Chansons von Victor Jara und Angel Parra unter dem Titel »Mit der Guitarre kämpfen«. Das engagierte Gedicht und das politische Chanson, die Filme der Dritten Welt und das politische Theater bilden so etwas wie eine kulturelle Front gegen Unterdrückung und soziale Ungerechtigkeit.

Wie kam es dazu, daß sich in dieser Welt historisch gewachsener Abhängigkeit die Literatur allmählich emanzipierte und bis auf den heutigen Tag vielleicht der einzige Bereich geblieben ist, in dem die Unabhängigkeit überwunden wurde. Die literarische Emanzipation Lateinamerikas verlief in drei Phasen. Die spanische Invasion hatte im Namen des Kreuzes und unter dem Druck einer chronisch leeren Staatskasse kulturelle Entwicklungen zerstört, die über Jahrhunderte als eine mögliche verbindende Basis für den Widerstand gegen die spanische Kolonialherrschaft ausfielen. Der Kolonialismus spanisch-portugiesischer Prägung predigte Verachtung der Eroberten, Überlegenheit der eigenen Kultur, Rassismus als wirtschaftlich-soziale Diskriminierung. Hat es nicht in der spanischen Kirche, trotz eines Padre de las Casas, einen Jahrzehnte dauernden Disput darüber gegeben, ob der Indio eine Seele habe oder ob er nur ein Tier sei? Den Indio, wie den später unter dem Druck der akuten Dezimierung der Urbevölkerung eingeführten Negersklaven hatte die christliche Vorsehung in der Doktrin der katholischen Kirche Spaniens dazu bestimmt, die »Adern dieses Kontinents« zu öffnen, um den akuten Geldmangel der spanischen Krone zu sättigen. Schätzungen besagen, daß am Cerro Rico, am reichen Silberberg von Potosí, hoch oben in den bolivianischen Anden, nicht weniger als 6 Millionen Indios unter unmenschlichen Arbeitsbedingungen frühzeitig ihr Leben verloren, damit die Altäre der Kathedralen von Salamanca und Burgos, von Santiago de Compostella und Toledo im Silberglanz erstrahlen konnten und dem spanischen »Hidalgo« dazu verhalfen, ein »angemessenes Leben« zu führen. Wer das Mutterland verließ und in die Kolonien ging, tat das meistens mit der Absicht, schnell Reichtümer zu sammeln, um in nicht allzuferner Zukunft wieder nach Spanien zurückzukehren. Es entstand die Mentalität des rücksichtslosen Abenteurers, der sich, gestützt durch die Privilegien der Krone und den Glauben, einer überlegenen Zivilisation anzugehören, mit brutaler Härte die Taschen füllt und dann mit der beruhigenden Überzeugung nach Spanien zurückkehrt, daß er kolonisiert und missioniert habe, kurz, daß sein Vorgehen gottgewollt war. Diese Ideologie der Ausbeutung und kulturellen Überlegenheit, die die Konquistadoren mitbrachten, ist den politischen, ökonomischen und militärischen Herrschaftseliten in Lateinamerika erhalten geblieben. Der argentinische Schriftsteller Jorge Luis Borges sagte in einem Interview auf die Frage nach der »violencia« (Gewalt):

> »Wenn die ›violencia‹ *im Namen einer Kultur* ausgeübt wird, dann bejahe ich sie. Wenn nicht, lehne ich sie ab. Deswegen glaube ich, daß, alles in allem, die Soldaten, die die weiten Flächen Argentiniens eroberten es für eine gerechtere Sache taten als die Indios, die keinen Grund für ihre Eroberung hatten.«[1]

Hier wird verschwiegen, daß die Indios diese weiten Flächen nicht erst zu erobern brauchten, sondern daß sie ihnen gehörten, und daß sie, *im Namen einer Kultur* vertrieben und dezimiert wurden, damit sich der Wahlspruch des argentinischen Präsidenten Rocca, *Frieden und Ordnung*, wie eine Grabesstille über die weiten Flächen der argentinischen Pampa legen konnte.

Aus dieser Haltung hat die schmale Schicht der Besitzenden Privilegien abgeleitet, die ihren Besitzstand und Reichtum garantieren, die Armut, Unterentwicklung und Analphabetentum der breiten Bevölkerungsschich-

1 In: *Sieta Dias* VI, Nr. 310, vom 23.–29. 4. 1973.

ten aber besiegeln. Ein Status quo der sozialen Ungerechtigkeit, wirtschaftlicher Fortschritt unter Ausschluß der breiten Öffentlichkeit.
Als in den zwanziger Jahren des letzten Jahrhunderts die spanische Kolonialherrschaft auf dem lateinamerikanischen Kontinent zu Ende ging, übernahmen, nach einem mehr als hundertjährigem englisch-französischen Intermezzo nach dem Zweiten Weltkrieg die USA die Rolle der politischen Führungsmacht und ersetzten das System direkter Abhängigkeiten, wie es die spanische Kolonialmacht charakterisierte, durch die ökonomisch-politische Bevormundung kapitalistischer Prägung. Diese von der Kolonialepoche bis in unsere Tage durchgängige Kette der Abhängigkeit und Bevormundung tritt zunehmend in das Bewußtsein der Dichter und erklärt ihre oftmals deutliche und harte Sprache. Sie begann aber schon 1898. Als es in diesem Jahr wegen der letzten spanischen Besitzungen in Amerika zu einer offenen nordamerikanisch-spanischen Auseinandersetzung um Kuba kommt, wird die Gefahr der Abhängigkeits-Eskalation von einigen Schriftstellern erkannt und beschrieben. Zu ihnen gehört der Kubaner José Marti (1853–1893), der in der Essay-Sammlung *Nuestra America* (1909/10) die erste ernstzunehmende Warnung vor der nordamerikanischen Überfremdung Lateinamerikas ausgesprochen hat. Er sagt, daß er »im Bauch des Ungeheuers gelebt habe und seine Eingeweide kenne«. Lange Passagen seiner Prosa und seiner Gedichte haben nichts von ihrer Aktualität eingebüßt und sind in ihrer Aussage so aktuell, als wären sie erst gestern geschrieben worden. In diese Linie der geistigen Distanzierung von den USA gehört auch die kulturphilosophische Schrift Ariel (1900) des Uruguayers José Enrique Rodó (1871–1917), die in der Form des Arielismus das Rüstzeug der geistigen Elite Lateinamerikas bis zum Zweiten Weltkrieg geliefert hat. Rodó verurteilt das utilitaristische Denken der Vereinigten Staaten von Amerika und setzt ihm das gefühls- und vernunftbetonte Denken der Lateinamerikaner gegenüber. Ariel siegt über Calibán. Rodós Schrift sollte die geistige Elite Lateinamerikas wachrütteln, damit sie das von der spanischen Kolonisation hinterlassene kulturelle Vakuum mit einem autochthonen Selbstverständnis ausfüllte. Sowohl Martí als auch Rodó beschwören die »Magna Patria«, das Große Vaterland eines geeinten Lateinamerikas, von dem die Freiheitskämpfer Bolívar und San Martín träumten, als Rettung vor der Übermacht aus dem Norden. Rodó entlieh seine allegorischen Figuren dem Shakespeare-Drama »Der Sturm«. Inzwischen aber hatte der imperialistische Sturm aus dem Norden die ersten Kostproben seines Vorgehens den Lateiname-

rikanern demonstriert: 1898 wird Puerto Rico Kolonie der USA; im gleichen Jahr erhält auch Kuba einen nordamerikanischen Gouverneur. 1904 löst sich Panamá von Kolumbien und tritt die Kanalzone an die USA ab, die auch heute, trotz jahrelangen Ringens, noch nicht wieder zurückgegeben wurde. 1914 besetzen amerikanische Marinesoldaten den Hafen von Veracruz in Mexiko. In Wirklichkeit hat Calibán Ariel besiegt[2] und nicht umgekehrt, wie es Rodó vorschwebte. Ariel blieb nichts anderes übrig, als für sich wehmütig eine geistige Überlegenheit über den Norden zu postulieren, sicherlich ein Selbstbetrug, der das Auffinden der eigenen Authentizität erschwerte, weil man glaubte, diese geistige Überlegenheit auf den Boulevards von Paris finden zu können. Man tauschte die lästige kulturelle Bevormundung von einem dekadenten Spanien gegen die selbstgesuchte von der französischen Kultur ein, um sich vor dem imperialistischen Zugriff aus dem Norden geistig zu wappnen. In dieser Zeit bildete sich die literarische Strömung des Modernismus heraus mit ihrem hervorragendsten Vertreter, dem Nicaraguaner Rubén Darío (1867–1916). Sie wird gern dargestellt als die erste selbständige Äußerung der lateinamerikanischen Literatur; sie ist allerdings ohne den entscheidenden Einfluß der französischen Dichter des »Parnasse« nicht denkbar. Diese erste Phase der lateinamerikanischen Emanzipation im Bereich des Literarischen ist gekennzeichnet von einer starken Aversion gegen den aufkeimenden nordamerikanischen Imperialismus und von einem Abrücken vom geistigen Leben Spaniens. Die gewonnene Distanz zur ehemaligen spanischen Kolonialmacht äußert sich vor allem in der Handhabung des Sprachmaterials. Der Modernismus befreit die spanische Sprache Lateinamerikas vom toten rhetorischen Pomp, von akademischen Wortleichen, die ohnehin niemand mehr gebraucht, obwohl auch er sich sprachliche Erlesenheit, exotische Thematik, Musikalität des Verses, europäische Bildungsideale und europäische Formen zu eigen macht. Die Linie der »rationalen Schlankheitskur«[3], des Wortschatzes, der literarischen Spracherneuerung wird, zweifellos nicht ohne Verwerfungen, fortgesetzt von dem Argentinier Borges und den Ultraisten, von dem Mexikaner Maples Arce und den Estridentisten, von dem Peruaner Alberto Hidalgo und den Simplisten, von den Hermetisten und Antropophagisten des brasiliani-

2 R. Fernández Retamar, Calibán – apuntes sobre la cultura de nuestra América. Buenos Aires. Ed. de La Pléyade 1973.

3 G. Siebenmann, Die neuere Literatur Lateinamerikas und ihre Rezeption im deutschen Sprachraum. Berlin, Colloquium 1972. S. 12.

schen Postmodernismus. Es ist die Zeit der -ismen in Europa ebenso wie in Lateinamerika. Sie alle charakterisiert das sprachliche Experiment, die Suche nach Metaphern, die Abwesenheit sozialen und politischen Engagements und die Verbundenheit mit den europäischen Strömungen der Avantgarde.
Auch der Peruaner César Vallejo und der erst kürzlich verstorbene Chilene Pablo Neruda haben als Modernisten begonnen. Aber dann kommt das Jahr 1936. Der Bürgerkrieg wütet in Spanien, und viele Lateinamerikaner nehmen an ihm teil. Zusammen mit Vallejo gründet Neruda den *Grupo Hispanoamericano de Ayuda a España,* der vielen spanischen Republikanern das Leben rettet und ihnen die Ausreise nach Amerika ermöglicht. Von nun an werden diese beiden großen lateinamerikanischen Dichter kaum noch Gedichte im Stil des l'art pour l'art schreiben. Aus jeder Zeile ihrer Poesie spricht das politische Engagement, die Liebe zum leidenden Mitmenschen, und die Vision von einem befreiten Amerika. Sie kämpfen Seite an Seite mit ihren spanischen Dichterfreunden, mit García Lorca, Luis Cernuda und Rafael Alberti, der die Coplas des Juan Panadero geschrieben hat, die viele Jahre später der uruguayische Protestsänger Viglietti vertonte:

Der Körper meiner Guitarre
ist kein Körper, sondern ein Kerker,
ein Gefängnis, in dem Spanien leidet.

Die Wände des Gefängnisses sind
aus Holz, Holz aus dem niemand
mehr zurückkommt.

Die Saiten sind das Gitter,
das kleine Eisenfensterchen,
durch das meine Stimme dringt.
...
Jetzt will ich Lieder singen,
die von mehr Blut erzählen
als das Meer Sand hat.

Der spanische Bürgerkrieg ist das Reagenz, an dem sich die Geister scheiden. Es gibt große Dichter – wie Borges z. B. und die Martinfierristen in Argentinien – die davon unberührt bleiben, indes die Mehrzahl der Dichter spüren, daß hier ein politisches Ereignis zur Stellungnahme herausfordert, und sie beziehen Position für die Sache der Republikaner und gegen Franco, gegen den Faschismus. Der Einfluß der spanischen Emigranten in Lateinamerika und das Wirken von Neruda und Vallejo können in dieser zweiten Phase einer panlateinamerikanischen Welle politischer Bewußtwerdung nicht hoch genug veranschlagt werden. Von nun an reißt die Entwicklung hin zu einer kontinuierlichen Politisierung der Literatur in Lateinamerika nicht mehr ab.

Die dritte und entscheidende Etappe der literarischen Politisierung beginnt mit der kubanischen Revolution im Jahre 1959. Eine Welle der Hoffnung durchläuft den amerikanischen Kontinent. Wird das sozialistische Experiment in Kuba Schule machen? Der Enthusiasmus in den sechziger Jahren war groß, die Guerilla blüht in Stadt und Land. Mit Ausnahme von Ecuador und Chile bilden sich Guerillagruppen, die nach kubanischem Vorbild den politischen Umbruch mit Gewalt erreichen wollen. Ob Stadt- oder Landguerilla, sie haben fast alle ohne Erfolg operiert, sind gefallen oder emigriert: Hugo Blanco in Peru, Ricardo Masetti in Argentinien, die Brüder Pereda und Ernesto Che Guevara in Bolivien, Douglas Bravo in Venezuela, Manuel Marulanda in Kolumbien, Carlos Lamarca und Carlos Marighela in Brasilien, Vázquez Rojas in Mexiko. Zu ihnen gesellen sich junge Dichter aus Peru, Guatemala, El Salvador, Bolivien, Argentinien und Uruguay, die ihre politische Überzeugung nicht nur mit dem Wort zu sagen, sondern auch mit der Waffe zu verwirklichen suchten und ihr Leben einsetzten oder emigrierten: Javier Heraud (1941–1963), Roberto Obregón (1940–1971), René Otto Castillo (1936 bis 1967), Edgardo Tello (1942–1965) u. a., die auch in dieser Anthologie zu Wort kommen. Auf der anderen Seite aber nimmt auch die Repression, die Violencia, von Tag zu Tag zu: Nachdem Jacobo Arbenz in Guatemala große Ländereien der United Fruit Company enteignet und sie unter den Campesinos verteilt, wird er 1954 mit Hilfe eines Söldnerheeres und des CIA gestürzt. Die Enttäuschung ist groß in ganz Mittelamerika, wo man hoffnungsvoll das guatemaltekische Reformexperiment verfolgt hatte. Es folgt die Invasion in der Schweinebucht auf Kuba, die fehlschlägt; daraufhin wird Kuba mit einer Stimme, der Stimme Haitis, aus dem amerikanischen Staatenbund ausgeschlossen und mit wirtschaftlichen Sanktionen belegt. Sein Zögern ließ sich der Präsident Haitis, »Papa-Doc«, mit 10 Millionen US-Dollar bezahlen, mit denen dann der Flughafen von Port-au-Prince ausgebaut wird. 1964 wird João Goulart, der eine Öffnung nach dem Vorbilde Getulio Vargas versuchte, mit Hilfe der

Nordamerikaner von putschenden Generalen gestürzt. 1965 marschieren Ledernacken unter Führung der CIA in der Dominikanischen Republik ein. Im Oktober 1967 fällt Che Guevara. 1971 wird General Torres, der in Bolivien eine Öffnung nach peruanischem Vorbild einleitete, von Banzer gestürzt; Anfang 1972 übernimmt das Militär die Macht in Uruguay, und gegen Ende 1973 verbieten sie die bekannte linke Wochenzeitschrift *Marcha*, die auf eine mehr als dreißigjährige Tradition zurückblicken kann, weil zwei so unerschrockene Schriftsteller wie J. C. Onetti und M. Benedetti eine Erzählung prämierten, die das Thema der Tupamaros, der Stadtguerilla von Montevideo, anschnitt. Das vorerst letzte Glied in dieser Kette der Hiobsbotschaften stellte Chile dar, wo das »Experiment« des demokratisch gewählten Sozialisten Allende von den gemeinsamen Interessen faschistischer Militärs und multinationaler Wirtschaftsverbände brutal im Blute ertränkt wurde. Das sind die augenfälligen Demonstrationen eines nordamerikanischen Kreuzzugs gegen soziale Gerechtigkeit und sozialen Wandel auf dem südlichen Teil des Kontinents. Darüber hinaus haben sich die USA in der OAS und in der »Alianza para el Progreso« unter dem Deckmantel der generösen Wirtschaftshilfe ein zwischen Strafe und Belohnung schwankendes Steuerelement geschaffen, um weitere sozialistische Experimente in Lateinamerika zu verhindern. Die OAS wird heute offen von den Lateinamerikanern als das Kolonialministerium der USA bezeichnet, und der guatemaltekische Expräsident Juan José Arévalo nannte sie die »Versammlung des Haifischs und der Sardinen«[4]. Der Ruf nach einer Reorganisation der OAS, die selbst vor dem Ausschluß der USA nicht zurückschreckt, wird immer lauter.

Fortschritt und sozialer Wandel sind in den langen Jahren des kalten Krieges systematisch verteufelt worden, und diese Verteufelungen fanden offene Ohren bei den nationalen oligarchischen Führungsschichten und den in den Kaderschulen der CIA in Panama ausgebildeten Militärs. Das Wort Kommunismus hat in Lateinamerika eine semantische Erweiterung erfahren und umreißt heute pauschal jede Denkhaltung, die gegen die Interessen der herrschenden Klasse gerichtet ist: Kommunist ist, wer kritisiert, wer die Rechtmäßigkeit postkolonialer Wirtschaftsabhängigkeit in Frage stellt, Kommunist ist, wer die Landreform und die Umverteilung des Volkseinkommens predigt, Kommunist ist, wer den Führungsan-

4 J. J. Arévalo, Fábula del tiburón y las sardinas, América Latina strangulada. México, Ed. América Nueva 1956.

spruch der criollo-Elite bezweifelt, Kommunist ist, wer die wahre Botschaft des Evangeliums predigt. Die Verketzerung des Kommunismus, oder sagen wir besser des Sozialismus, fand in Lateinamerika vorgeprägte Denkformen, deren Entstehung bis in die Kolonialzeit der Spanier zurückreicht, nämlich die Ausschaltung Andersdenkender. Hat nicht die Inquisition, die jene verketzerte, die sich gegen den Dogmatismus einer Staatskirche auflehnten, deren Interesse im kolonialen Pragmatismus der spanische Krone ihre Ergänzung fand, Ähnlichkeit mit der Verfolgung sogenannter Kommunisten in Lateinamerika? Der politische Alltag Lateinamerikas wiederholt im säkularisierten Bereich, was die Kirche der kolonialen Epoche in Glaubensfragen vorexerzierte: Gehorsam, Konformismus und Intoleranz. Inzwischen hat die Kirche begriffen, daß sie sich nicht an die Tische der Reichen setzen darf, wenn sie eine Überlebenschance haben will. Paul VI. forderte auf der zweiten Interamerikanischen Bischofssynode von Medellín im Jahre 1968: »Die Klarsicht und der Mut des Geistes werden nötig sein, um soziale Gerechtigkeit zu verwirklichen, und um die Armen zu lieben und zu verteidigen.«[5] Darauf antworten ihm die lateinamerikanischen Bischöfe in ihren »Documentos finales«: »Es ist der gleiche Gott für alle, der seinen Sohn sandte, um alle Menschen von allen Formen der Sklaverei zu befreien, die sie durch die Erbsünde, die Unwissenheit, den Hunger, das Elend und die Unterdrückung erleiden.«[5]

Der frische Wind aus Kuba hat die vielen kleinen revolutionären Funken in Lateinamerika genährt, hat das Selbstbewußtsein der Schriftsteller und aller engagierten Intellektuellen gestärkt und hat endgültig die auf Europa ausgerichtete Persepktive zugunsten einer Selbstbetrachtung verändert, die von der Überzeugung ausgeht, daß niemand den Lateinamerikanern hilft, es sei denn, sie versuchten es selbst. In den sechziger Jahren strömten die Intellektuellen zu Tausenden nach La Habana, um das befreiende Gefühl einer revolutionären Lebenserfahrung mitzunehmen in die schwüle Atmosphäre ihrer jeweiligen quasi-kolonialen Kontexte und dort in revolutionäre Worte und Taten umzusetzen. In Kuba gründet man »La Casa de las Américas«, Verlag und Kulturinstitution zugleich, das vielen engagierten Intellektuellen Lateinamerikas Zuflucht gewährte.

»La Casa«, wie es viele zärtlich nennen, wurde ein Haus der Begegnung

5 Zit. bei E. Dussel, Caminos de liberación latinoamericana. B. A., Latinoamerica Libros 1972. S. 107 f.

für die sich neu formierende kulturelle Linke Lateinamerikas, und wenn die alljährlichen Literaturpreise, die »La Casa« vergibt, sich finanziell nicht mit dem Nobelpreis oder dem Premio Interamericano de Literatura (100 000 DM) messen können, so ist ihr ideeller Wert um so höher zu bewerten, und sicherlich übertreibe ich nicht, wenn ich sage, daß er in den Jahren nach der kubanischen Revolution für viele Schriftsteller und Dichter der begehrteste Preis in Lateinamerika war.

Die Wirkung der kubanischen Revolution hat sich in einer unerwartet hohen quantitativen und auch qualitativen Steigerung der literarischen Produktion niedergeschlagen. Sie war so gewaltig, daß man das englische Wort für eine explosionsartige Zunahme des Wirtschaftsvolumens BOOM seit einigen Jahren zur Bezeichnung der literarischen Strömung, besonders der erzählenden Literatur verwendet. Heute liegt schon eine »Historia personal del boom«[6] vor. Dieser Boom der erzählenden Literatur ist noch nicht abgeklungen, und immer breiter wird in ihm das Spektrum der Literatur des sozialen Engagements und der sozialen Anklage. Der Roman wurde das kritische Forum der Aufzeichnung von Mißständen. Er klagt an, ohne polemisch zu wirken, er ist populär, ohne auf die Kunst der literarischen Formen und Experimente zu verzichten. Der Peruaner Manuel Scorza, der mit seinem Roman »Redoble por Rancas« (1971), einer Anklage der erst kürzlich in Peru verstaatlichten Cerro de Pasco Corp., bekannt wurde, hat ein passendes Bild geprägt, um den heutigen Roman Lateinamerikas zu charakterisieren. Er sagt: »Der Roman stellt für mich das beste Mittel des politischen Kampfes dar. Der Roman ist ein großer Platz, eine Agora, der alle Probleme des Kontinents widerspiegelt. Auf diesem Platz fließen 400 Jahre Schweigen von 15 oder 20 Ländern zusammen. In Lateinamerika gibt es keine Philosophie, keine Soziologie und keine freie Meinungsäußerung: daher ist der Roman für uns das geeignetste Ausdrucksmedium, das alle verbindet und eine breite Kommunikation erlaubt, denn Tausende von Lesern möchten in ihm ihre Probleme wiederfinden. In diesem Sinne ist der lateinamerikanische Roman auch populär zu nennen.«[7]

Die Gefahr des literarisch-politischen Sprengstoffs, den der Schriftsteller in seiner Prosa, der Dichter in seiner Poesie einschließt, ist von den poli-

6 J. Donoso, Historia personal del »boom«. Barcelona, Ed. Anagrama 1972.

7 M. Scorza: Una entrevista exclusiva con el novelista peruano en Paris por Marcos Bolano y Erwin Ramedhan. In: Servicio del departamiento de Información Especial de Inter Service Press, Nr. 4011/73. (Edición Nr. 111, vom 1.–8. 5. 1973.)

tischen Cliquen, die für die sozialen Mißstände verantwortlich zu machen sind, erkannt worden. Sie schätzen den Rollenwechsel des Schriftstellers vom geachteten Luxusartikel im Dienste einer an der europäischen Kultur ausgerichteten Herrschaftselite zum Ankläger eben derselben Elite richtig ein. In dem Maße wie sich die Unwiderruflichkeit dieses Rollenwechsels dem Bewußtsein derjenigen einprägt, die den durch die Anklage des Schriftstellers bewirkten Bewußtseinswandel zu fürchten haben, erhöht sich das Risiko des Schriftstellers. Lang ist die Liste der Schriftsteller, die für ihre Haltung und Schriften verfolgt, gefoltert, oder brutal ermordet wurden, noch länger aber ist die Liste jener, die Zuflucht im Exil gefunden haben, angefangen vom selbstgewählten Exil in Paris oder Barcelona, das sich einige der bedeutendsten Schriftsteller Lateinamerikas auferlegen, weil sie meinen, aus dieser Distanz freier und unbefangener die Realitäten ihrer Herkunftsländer in fiktionale Realität umwandeln zu können, über das unter Mordandrohung erzwungene Exil bis hin zur inneren Emigration, Schweigen oder militantem Underground sind alle Abschattungen der Distanzierung des Schriftstellers von seinem Medium möglich. Der Paraguayer A. Roa Bastos, Autor des auch in deutscher Sprache vorliegenden Romans »Der Menschensohn«, sagte mir einmal im persönlichen Gespräch, daß die Geschichte der gegenwärtigen lateinamerikanischen Literatur die Geschichte einer Exilliteratur sei. Aber Exil und physische Verfolgung sind nicht die einzigen Mittel, um sich vor der unliebsamen Wirkung des militanten Wortes zu schützen. Da der Staat die Massenmedien kontrolliert, im lateinamerikanischen Durchschnitt gut die Hälfte der Bevölkerung nicht lesen und nicht schreiben kann, außerdem die Lyrik in kleinen Auflagen erscheint, ist die Frage berechtigt, ob es sich hier nicht um unverbesserliche Illusionisten handelt, die da glauben, mit Hilfe der Poesie politische und wirtschaftliche Strukturen verändern zu können. In der Tat haben sich die Dichter diese Frage gestellt, und sie haben nach Lösungen gesucht, um Wege der Kommunikation für ihre Poesie zu finden. Zunächst darf festgehalten werden, daß ein großer Teil der Poesie im Umkreis der Universitäten entsteht, die heute zu den wichtigsten Zentren der politischen Unruhe in Lateinamerika zählen. Die Wirkung der Poesie, die oft in schmucklosen, hektographierten Ausgaben von Hand zu Hand kursiert, läßt sich nicht an ihren Auflagen messen. Einmal internalisiert, kann von ihr eine vielfache Multiplikatorwirkung ausgehen. Als Protestlied oder als Teil politischer Texte, die unzählige studentische Theater- und Protestsong-Gruppen hinaustragen oder in der Form des Gebetes,

das junge Priester im Chaco Argentiniens ebenso wie in den Urwäldern Mittelamerikas als Botschaft der Hoffnung verkünden, werden die Texte gehört und gesehen, auch von jenen, die nicht lesen können.
Nur so läßt sich erklären, daß der Boom der erzählenden Literatur von einer überall aufblühenden Poesie begleitet wird, die sicherlich für die Bewußtmachung politischer Zusammenhänge mehr leistet als die erzählende Literatur, die dank ihrer Qualität und einer umfangreichen Werbung in Lateinamerika wie in Europa kommerzialisiert wurde, während sie den Zugang zu den lateinamerikanischen Massen gar nicht erst gesucht hat und wohl auch nicht finden kann, weil die Bücher a) zu teuer sind und b) weil sie nicht verstanden werden.
Die Sprache der modernen engagierten Lyrik Lateinamerikas ist einfach. Sie verzichtet auf dem Schmuck rhetorischer Effekte, sie spricht direkt zu denen, für die sie ihre Stimme erhebt. Sie vermeidet weitgehend die Mehrschichtigkeit des Textes, bevorzugt die konkrete realistische Darstellung der begrifflichen Aussage, um das Erlebte im Einzelfall nachvollziehbar ins Bild zu setzen. Das Bildmaterial hat zuweilen einen leichten Anflug von Romantik, vor allem, wenn der Dichter seine harte Wirklichkeit vergessen will und von einer besseren Zukunft träumt. Dabei sollten wir nicht vergessen, daß das ästhetische Vergnügen, gerade bei den jungen Vertretern, der sozialen Intention untergeordnet wird. Da diese Anthologie nur Texte in Übersetzung bringen kann, möchten wir kurz etwas zur Form der Gedichte sagen. Hier gilt ähnliches wie für Wortwahl und Satzbau: Einfachheit ist Kompositionsprinzip, der Formenreichtum des Modernismus und der Avantgarde wird abgelehnt; wo ein Formwille vorhanden ist, lehnt sich der freie Vers eher in liturgisch Vorgeprägtes an und übernimmt inhaltlich variierend Elemente aus Meßtexten, Psalmen oder Gebeten.
Trotz Verfolgung, Mord und Unterdrückung predigt diese Poesie nicht Haß, sondern Liebe. Es ist eine Poesie der Nächstenliebe, der Liebe für den gefallenen Guerillero, der zärtlichen Nennung eines befreiten Vaterlandes, das für alle da ist, das man ausgebeutet und vergewaltigt hat; es ist eine Liebe, die zum Gebet wird, weil die Verzweiflung, die Leiden und der Hunger zu groß sind, es ist eine Poesie, die von der Liebe getragen wird, selbst dann noch, wenn sich ihr gerechter Zorn entlädt. Die Schmucklosigkeit und Direktheit ihrer Sprache kontrastiert mit der Doppelzüngigkeit und den Lügen der politischen Sprachregelung. Weil die Mächtigen dieser Erde ihre Ohren verschließen, kleidet der Dichter seine

klagende Poesie in die Form des Gebets. Sie ist der Ruf nach Gott, der diesen Kontinent verlassen zu haben scheint. Irgendwann muß dieser Gott, »der an den Tischen der Reichen zu Mittag ißt« sich des Hungers der Armen erbarmen. Gott ist die letzte Instanz der Hoffnung. Die Namen Gottes und Marx' schließen sich auf diesem Kontinent nicht aus. Christliche Liebe und der Wunsch nach sozialer Gerechtigkeit sind die Botschaft des Evangeliums, die eine engagierte junge Kirche wiederentdeckt. Camilo Torres fiel mit den Guerilleros in Kolumbien, Helder Cámara streitet im Nordosten Brasiliens, im Armenhaus des Kontinents, für seine notleidenden Brüder, und Ernesto Cardenal predigt mutig das Wort christlicher Nächstenliebe in Nicaragua.

Die moderne lateinamerikanische Poesie der plakatartigen Bilder ohne schwierige Syntax, der schlagwortartigen Anklage, die sich leicht einprägt, findet den Kontakt zur Masse vor allem als Gebet oder als Protestlied. Das Gebet erleichtert den Zugang zu breiteren Bevölkerungsschichten, weil neue Gedanken in vertrauter Umgebung erscheinen, und weil das Gedicht, als Gebet getarnt, leichter die Zensur passiert. Als Protestlied, zur Guitarre gesungen, sind viele Lieder über den ganzen Kontinent bekannt. Einige Gedichte der bekanntesten Liedermacher sind daher in diese Anthologie aufgenommen worden: Benjo Cruz aus Bolivien, der als Guerillero fiel, Victor Jara, der im Fußballstadion von Santiago de Chile erschossen wurde, Violeta und Angel Parra aus Chile, Atahualpa Yupanqui aus Argentinien.

Wollte die poetische Avantgarde der zwanziger Jahre in Lateinamerika im Ultraismus, Kreationismus, Estridentismus oder Simplismus, mit Hilfe von Bildern eine Ultrarealität, die »visión inédita« (J. L. Borges) der Realität schaffen, so hat sich heute die Erkenntnis durchgesetzt, daß der Dichter die lateinamerikanische Realität nicht noch metaphorisch zu umschreiben braucht, um surreal oder authentisch zu wirken. Ihr Selbstverständnis betonend, nennt sich diese Poesie schlicht und einfach *Poesía de combate oder de lucha,* Kampfpoesie also, wenn sich die Anklage als Angriff versteht; sie nennt sich *Poesía testimonial,* wenn sie das Unrecht bloß nennen will, um dadurch Denkanstöße in jenen Personen auszulösen, die den geschilderten Sachverhalt erleiden; sie nennt sich *Poesía conversacional,* wenn sie sich bewußt vom elitären Gebaren der Modernisten und Avantgardisten distanziert und die Umgangssprache in ihre Dienste nimmt; sie nennt sich schlicht *Anti-poesía* wenn sie verdeutlichen will, daß man bei ihrer Lektüre nicht Stehkragen und Krawatte tragen muß, und daß der schmucklose freie Vers die Botschaft der erzählenden Literatur in kompakter Form enthält. Der Chilene Nicanor Parra (1914) gilt als der Begründer der Antipoesie in Lateinamerika, obwohl schon sein Landsmann Vicente Huidobro (1893–1948) sich im vierten Gesang seines epischen Gedichts »Altazor« (1931) als Antipoet sah (»Hier ruht Vicente, Antipoet und Magier«). Die Poesie Nicanor Parras verstand sich zunächst als eine Antihaltung gegen die übermächtige Vatergestalt Nerudas und dessen Poesie, die zwar anklagt, dabei aber lange Zeit die erlesene Sprache der Postmodernisten verwendet. Die Antipoesie der engagierten jungen Dichter ist eine Reaktion auf die Sprachgestalt und nicht auf die Inhalte der Poesie der älteren Generation. Das andere große Vorbild der jungen Lyriker in Lateinamerika ist der Nicaraguaner Ernesto Cardenal (1925) mit seiner *Poesía testimonial.* Auch seine Poesie ist Antipoesie, aber sie will nicht durch Sprachwitz oder durch eine einfache Sprache bewußt machen, sondern durch detaillierte Darstellung von Zusammenhängen, die die Nähe der lyrischen Prosa sucht und in der Form des Gebets vorgetragen wird. Ohne Vallejo und Neruda, die in den dreißiger Jahren den Wandel vom formbetonten Modernismus zur sozialkritischen Lyrik vollzogen und ohne Parra und Cardenal, die diese soziale Kritik in klare Aussage transponierten, hätte sich die moderne Poesie Lateinamerikas ebensowenig herausbilden können, wie die neuere erzählende Literatur dieses Kontinents ohne den Einfluß des magischen Realismus eines M. A. Asturias und G. García Márquez oder die formalen Innovationen eines J. L. Borges, A. Carpentier oder J. C. Onetti.

Die geographischen Schwerpunkte dieser Poesie sind da anzutreffen, wo die politische und wirtschaftliche Abhängigkeit von den USA am größten ist, wo Folter und brutale Unterdrückung freiheitlicher Stimmen am grausamsten sind, und wo Armut, Hunger, Ausbeutung und Krankheit unmenschliche Ausmaße annehmen. Insofern ist die Feststellung A. Pellegrinis im Prolog seiner lateinamerikanischen Lyrik-Anthologie, daß die Lyrik-Produktion sich vom Süden des Kontinents hin zum Norden, etwa in das Gebiet des heutigen Peru, Ecuador, Kolumbien und Venezuela verlagert hätte, nur beschränkt richtig.[8] Lyrik entsteht bevorzugt dort, wo soziale Mißstände besonders kraß sind. Wie anders wäre es zu erklären, daß gerade auch die zentralamerikanischen Staaten, also etwa Guatemala, Nicaragua, Honduras, El Salvador, Puerto Rico und die Domini-

8 A. Pellegrini, Antología de la poesía latinoamericana. Barcelona Barral 1966, S. 22.

kanische Republik eine große Lyrik vorweisen können, wie anders könnten wir die Entstehung einer breiten revolutionären Poesie in Argentinien und Uruguay deuten, die bis in unsere Tage Hochburgen der Traditionalisten und des Konservativismus à la Borges waren, wie anders auch fänden wir eine Erklärung für die Poesie Boliviens und Paraguays, die schon seit Jahren eine Exilliteratur haben und für die Poesie Chiles, die wohl nun auch vorerst aus dem Exil geschrieben werden wird.

Ich habe eine Auswahl getroffen, deren zeitlicher Schwerpunkt in den letzten Jahren liegt, wenn sie auch Neruda, Vallejo und Guillén als die Väter der engagierten Poesie in diesem Kontinent ansieht und daher aufnimmt. Diese Lyrik versteht sich als repräsentativer Querschnitt einer heute in Lateinamerika immer selbstbewußter auftretenden engagierten Lyrik. Es soll keineswegs geleugnet werden, daß es auf diesem Kontinent große Poesie gegeben hat und noch gibt, die sich nicht in das von mir entworfene Gesamtpanorama der lateinamerikanischen Lyrik einordnen läßt, und die in ihrer rein literarischen Qualität die Poesie des sozialen Engagements oftmals übertrifft (z. B. J. L. Borges, O. Paz). Doch sollte es in dieser Anthologie nicht darum gehen, schöne Gedichte vorzustellen, in denen die letzten Dinge privates Ereignis werden, sondern es kam nur darauf an zu zeigen, daß diese Poesie eine revolutionäre Funktion der Aufklärung zu erfüllen hat, und daß sie in ihrer Gesamtheit zu einem politischen Dokument wird, das mehr über die sozialen Verhältnisse und die Stimmung der Menschen aussagt als gelehrte wissenschaftliche Untersuchungen.

Juan Gelman: WINTER

(geboren 1930, Argentinien)

Nachdem ich dich geliebt hatte,
erhellte dein Leib noch die Dunkelheit, die Müdigkeit,
die Nacht, die im Zimmer versteckt ist.

Das Schweigen hat für uns gezittert
wie die nackten Füße der Armen in diesem Winter,
in deinen Armen träumen noch die verlassenen Gesichter der Liebe;
wenn wir uns geliebt haben,
kehren wir zurück zum Feuer, zur Wut, zur Ungerechtigkeit.

Im irren Wimmern der Stadt
zählt die Liebe leise die Vögel,
die gegen die Kälte gestorben sind,
die Gefängnisse, die Küsse, die Einsamkeit, die Tage
bis zur Revolution.

Juan Gelman: DAS SPIEL, AUF DAS WIR UNS VERSTEHEN

Hätte ich die Wahl, ich wählte
das gesunde Bewußtsein, krank zu sein,
das Glück, so unglücklich zu sein.

Hätte ich die Wahl, ich wählte
die Unschuld, schuldig zu sein,
die Reinheit, unrein zu sein.

Hätte ich die Wahl, ich wählte
die Liebe, mit der ich hasse,
die Hoffnung, die das Brot der Verzweifelten ist.

Wie sie sehen, meine Herrschaften,
setze ich mein Leben aufs Spiel.

Raúl Gonzalez Tuñón: STADT DER BITTERKEIT

(geboren 1905, Argentinien)

Hütten, unglaublich dunkle Hütten des Elends,
in denen das Vergessen das letzte Licht ausblies;
Gartenstadt, Hütten aus Pappe, aus Abfall,
mit Straßen, in die der Hunger
diese plötzliche Flut der Besitzlosen schlug,
die Entlassenen und Betrogenen,
die aus entlegenen Provinzen auswanderten,
eine Schmach auf der fahlen Stirn ihres Landes.
Diese Vorstädte von Buenos Aires nennt kein Reiseführer,
diese Vorstädte ohne Bäume, mit einem dunstigen Horizont,
ohne Wasser, ohne Gestern, ohne Fenster.
Schreckliche Vorstädte, schmutzig und verfallen.

Ja, schreckliche Vorstädte
mit Wohnungen wie Pilze, wie Blechbüchsen,
wie Tüten, wie Baugruben,
im Regen versunken, vom Wind zerzaust,
Vorstädte mit trüben Sonnen und rostigen Monden,
mit feindlichen Nächten und finsteren Morgengrauen,
aus denen die durstigen Hunde fliehen.
Gartenstadt – ein Wort mit einem langen Klang,
in dem eine bittere Ironie liegt.
Ein Mann, der einem Türklopfer gleich
an die Mauern der großen Stadt pocht.

Gartenstadt, ein kurzes Wort,
das ein großes Elend verschweigt.
Vorstädte, von kinderreichen Familien bewohnt,
der sogenannte Abschaum, der nicht die Brandung ist,
Menschen, die ihre Würde und ihren Glauben bewahren,
den stolzen Schmerz in der Brust
und die Hoffnung.

Guillermo B. Harispe: DIE FABEL VOM MENSCHEN UND DEN VÖGELN

(geboren 1932, Argentinien)

Als Junge dachte ich,
daß die Vögel die Besitzer der Luft sind.
Und ich sah sie glücklich
über dem Sommer einiger Inseln, die ich nicht vergessen kann.
Mir wurde klar, daß die Liebe in ihnen wohnt,
einfach, weil sie die Samenkörner,
        das Wasser,
        die Bäume untereinander teilten.
Vergleichbar dem gemeinsamen Besitz
        von Brot, Wein
        und Dach.

Die Menschen, die heute einen Vogel in ihrem Herzen tragen,
landen im Gefängnis.
Aber sie wissen wohl,
daß sie diese Liebe vergießen
für einen anderen, glücklicheren Fluß.

Mario Trejo: DIE ZEIT UND IHRE ANHÄNGER

(geboren 1926, Argentinien)

Amerika und ich
haben das halbe Leben lang
gewartet:
gewartet auf die große Dame.
Und hängen an einem rutschigen Trapez.

Anschwellende Wut, einer glühenden Sonne gleich,
Nacht für Nacht verfolgt.
Wie lange soll ich noch warten?
Grab schlafloser Gedichte,
Überdruß und Ausbruch.

Ich warte die ganze Zeit,
ich vergeude die ganze Zeit.

Mein Amerika, gib mir deine Klagen.
Revolution, gib mir den Rhythmus deines Herzens.
Es macht nichts, daß die Jahre sich verlieren
und auch mich verlieren.
Verbrauchter Mensch,
Dichter, der Zeit verfallen,
die ich forme,
Zeit, die anderen nützen wird.
Der Dichter und ich,
wir werden immer unter freiem Himmel leben.

Alberto Vanasco: GEDICHT XXVIII

(geboren 1925, Argentinien)

Der junge, noch bartlose vietnamesische Dichter,
der in seiner Urwaldfestung fiel,
ohne sein Gedicht zu beenden.

Der zwanzigjährige Musiker,
der in Irland starb,
ohne eine Band zu gründen,
ohne sein Lied zu komponieren.

Der Student,
kräftig und fröhlich wie mein Sohn,
der auf irgendeiner Straße fiel,
vor irgendeiner Fakultät,
ohne sein Diplom gemacht zu haben.

Der junge Maler,
der in Buenos Aires umkam,
in seinem Kopf Skizzen
von all seinen Bildern.

Der Sohn des Bergmanns,
der in Bolivien fiel,
ohne die Revolution zu erleben.

Der Junge von irgendwo,
gestorben an irgendeinem Ort,
als er anfing zu leben.

Der Junge, geschunden, ausgelöscht
von den wohlbekannten Wölfen
an irgendeinem Ort der Welt.

Sie alle leben noch
in den Augen und im Herzen
der Weiterkämpfenden,
sie hoffen, daß wir alle zusammen
ihre Gedichte schreiben,
ihre Lieder machen,
ihre Bilder zu Ende führen
und die Revolution.

Alfredo Veiravé: BESCHREIBUNG DES UNGEHEUERS: SIE ODER DIE FRAU KANONE

(geboren 1928, Argentinien)

(Seit 1970 gingen die Baumwollernten im Chaco zurück.
Es kam zum großen Exodus.
Die Bauern verließen die Provinz in stummen Scharen.)

Zur gleichen Zeit stellten
im Museum für Moderne Kunst
in Stockholm
Niki de Saint Phalle (Französin),
Jean Tingueley (Schweizer) und
Per-Olf Ultved (Finne)
dies zur Schau: Rotkäppchen,

von Drakula verschlungen,
auf einem Diwan, zurückgelehnt,
mit gespreizten Beinen.
Die Touristen konnten durch die
große Öffnung hineingehen und zum Bauch gelangen.
Dort befand sich ein großes Aquarium
mit fliegenden Fischen. Den Verliebten
stand ein intimes Zimmer zur Verfügung,
aber versteckte Mikrophone verbreiteten
die Stimmen der beiden, ihr Gemurmel
oder die Schreie der Nymphomanin,
die durchdrangen bis zur Bar,
im rechten Busen der Figur.
Telephonzellen, eine Konditorei,
eine Bücherei
und ein Planetarium
vervollständigten die Einrichtung
der funktionalen Skulptur,
die auf der ganzen Welt Bewunderung
hervorrief,
außer bei den Bauern,
die ihre Felder verließen,
um in Buenos Aires zu leben.

Rubén Vela: TANIA

(geboren 1928, Argentinien)

> . . .und man stellte in der Autopsie fest,
> daß die gefürchtete Gefährtin der bolivianischen
> Guerilleros schwanger war . . .
>
> (Aus der Ortspresse)

Jemand, der deine schlaflosen Nächte teilte
unter einem so strengen Himmel wie die Liebe Amerikas,
gab deinem Leib, mit seinem entflammten Geschlecht,
die diamantenen Wasser der Revolution.

Zwischen alten Steinen und tiefen Wurzeln
warst du, Tania, die revolutionäre Schönheit.
In den Liebesnächten öffnete sich dein müder Körper
wie Brot, wie eine neue Nahrung.

Aber jetzt ist dein Tod nur eine Nachricht,
die Gift spuckt zwischen fremden Papieren,
und die Frucht deines Leibes ist ein verfaulter Fötus,
der in den Abfalleimer einer Kaserne geworfen wurde.
Der in den Abfalleimer einer Kaserne geworfen wurde!
Was würde ich drum geben, meine Tania,
dich erneut in anderen Hochzeiten zu besitzen
und meinen Durst an deiner amerikanischen Liebe zu stillen!

Deine amerikanische Liebe.

Dieser verfaulte Fötus wird die Liebe Amerikas sein.
Dieser verfaulte Fötus wird der Name Amerikas sein.
Dieser verfaulte Fötus ist das Blut Amerikas,
das die Fundamente zukünftiger Städte umfließt.

Jemand, der deine schlaflosen Nächte teilte,
teilte auch den Schrecken deines Todes.
Du sitzt zur Rechten seines mächtigen Lächelns
mit deiner amerikanischen Liebe in den Armen.

Rubén Vela: WORT IN WAFFEN

Das Wort in Waffen
wächst
in den Kehlen der Menschen

Hier und da
explodierte es
inmitten gesunder Völker

Es teilt seine
weise Medizin aus,
streckt seine kämpfenden Arme
der Zukunft entgegen

Es gibt sich hin
    den Lippen der Liebe
    der Brüderlichkeit

(Übersetzung: Kajo Niggestich)

Atahualpa Yupanqui: KLEINE FRAGEN
(Argentinien)

Eines Tages fragte ich:
»Großvater, wo ist Gott?«
Seine traurigen Augen schauten mich an,
er antwortete mir nicht.
Mein Großvater starb auf dem Lande,
ohne Gebet, ohne Beichte,
und die Indios begruben ihn,
Rohrflöte und Trommel.

Die Zeit verging. Ich fragte:
»Vater, was weißt du von Gott?«
Mein Vater wurde ernst.
Er antwortete mir nicht.
Mein Vater starb im Bergwerk
ohne Arzt, ohne Beichte.
Das Gold des Unternehmers
ist rot gefärbt vom Blut des Bergmanns.

Mein Bruder lebt in den Bergen
und hat Blumen nie geseh'n.
Schweiß, Malaria und Schlangen:
das ist das Leben des Holzfällers.

. . . Und daß keiner ihn frage,
ob er wisse, wo Gott sei;
an seinem Haus kam nie
ein solch wichtiger Herr vorbei.

Ich singe auf den Straßen
und singe im Gefängnis:
ich spüre die Stimme des Volkes,
das besser singt als ich.
Es gibt eine Angelegenheit auf Erden,
die wichtiger ist als Gott:
Kein Mensch soll Blut spucken,
damit andere besser leben.

Daß Gott für die Armen wacht:
vielleicht ja, vielleicht nein.
Aber sicher ist – er speist
am Tische des Unternehmers.

Edgar Avila Echazu: GEDICHT

(geboren 1930, Bolivien)

In welchem Maße geringer macht mich
der Tod
der professionellen Killer,
die dieses Volk
ermordeten
mit Worten und Maschinenpistolen?
Ob Komplizen,
ob halbe Verräter,
(Können Gedichte das Verbrechen aufhalten?)
sahen wir wie Maulwürfe
die Ausrottung des Widerspruchs.
Wie kann man unsere
feine und verwerfliche
Trauer rechtfertigen?

Feige urteilende Engel
waren wir,
kämpfende Rebellen
und gefesselt.
(Aber du,
der du mit dem Tode rangest,
übergib mir den Haß
und den Groll,
gib mir dein Blut,
damit ich es auf die Blätter schreiben kann,
die deine Kinder lesen werden!)

Besessene Richter
des Rechts
verhalfen unserer bitteren Verdauung
zu Geschwüren.
Wir, die wir uns vor Wahnsinn mit
ohnmächtiger Reue peitschten,
wie beflissene Taubstumme,
wie verdreckte, eingesperrte Einsiedler,

wir waren um jeden Preis bemüht,
die peinliche Zärtlichkeit,
die traurige und kostspielige
Selbstschau
und das Leben selbst zu verteidigen.
(Wie ein letztes Knistern!)
Böse Tiere aus selbstgefälligen Träumen waren wir!

Benjo Cruz: BALLADE
(? – 1967, Bolivien)

Gib dem Indio deine Hand
gib sie ihm, es wird dir gut tun.
Und du wirst den Weg finden,
den ich gestern fand.

Wir haben die heilige Pflicht
zum Kampf, und der Indio
wird dir alle Pfade zeigen,
die du zu gehen hast,
gegerbte Hände zeigen dir,
wo du dein Blut vergießen mußt.

Es ist die Zeit des Kupfers,
des Mestizen und des Gewehrs.
Verschließt man die Türen,
so muß das Volk sie öffnen.
Das Jahrhundert nimmt die Farbe des Himmels an,
Pampas, Flüsse und Gebirge
befreien ihr eigenes Licht.

Das Lied hat keinen Herrn,
Unternehmer, ihr werdet bald gehen müssen,
ohne jemals gelernt zu haben, wie man es singt:
das amerikanische Lied.

Pedro Shimose Kawamura: SO STILL

(geboren 1940, Bolivien)

Während sie im Palast das Gemetzel feiern
und Verordnungen abfassen und im Fernsehen
auftreten und sich umarmen,
während sich die Gorillas Glückwunschtelegramme schicken,
fällt ein Mensch, von Kugeln durchsiebt.

Während sie die Wege durchkämmen auf der Suche
nach Freiheit und Luft,
während sie Eierstöcke entfernen und auf den Straßen
Spinnetze weben,
während sie die Beute untereinander verteilen und sich
um die Leichen streiten,
liegt ein Mensch im Sterben.

Während die Militärs entsetzliches Gebräu destillieren,
während sie ihren Dreck vertuschen und die CIA besingen,
während sie Prozessionen organisieren und Alpträume aushecken,
verblutet ein Mensch.

Thiago de Mello: DIE STATUTEN DES MENSCHEN
(geboren 1926, Brasilien)

Art. 1
Es wird erlassen, daß von nun an die Wahrheit zählt,
und das Leben zählt
und daß wir alle Hand in Hand für das wahre Leben arbeiten.

Art. 2
Es wird erlassen, daß jeder Wochentag,
auch der Dienstag, der aschfarbenste von allen,
das Recht hat, sich in einen Sonntagmorgen zu verwandeln.

Art. 3
Es wird erlassen, daß von nun an
in allen Fenstern Sonnenblumen stehen
und daß Sonnenblumen das Recht haben,
im Schatten aufzublühen;
und alle Fenster müssen den ganzen Tag
dem Grünen zu geöffnet bleiben, wo die Hoffnung wächst.

Art. 4
Es wird erlassen, daß der Mensch
niemals mehr am Menschen zu zweifeln braucht,
daß der Mensch dem Menschen vertraut,
wie die Palme dem Wind vertraut,
wie der Wind der Luft vertraut,
wie die Luft dem blauen Feld des Himmels vertraut.

Einziger Paragraph:
Der Mensch wird dem Menschen vertrauen,
wie ein Kind einem anderen Kind vertraut.

Art. 5
Es wird erlassen, daß die Menschen
frei vom Joch der Lüge sind.
Niemals wird es mehr vonnöten sein,
den Harnisch des Schweigens zu gebrauchen

noch die Waffen der Wörter.
Der Mensch wird sich an den Tisch setzen
mit reinem Blick,
denn die Wahrheit wird vor dem Nachtisch serviert.

Art. 6
Für ein Jahrtausend wird das von dem
Propheten Jesaja vorhergesagte Leben festgesetzt:
der Wolf und das Lamm werden gemeinsam weiden,
und die Nahrung beider wird nach Morgenröte schmecken.

Art. 7
Unwiderruflich wird die ewige Herrschaft
der Gerechtigkeit und des Lichtes erklärt;
und die Freude wird eine edle Fahne sein,
für immer gehißt im Herzen des Volkes.

Art. 8
Es wird erlassen, daß es der tiefste Schmerz
schon immer war und immer sein wird,
die Liebe nicht dem geben zu können, den man liebt,
und zu wissen, daß es das Wasser ist,
das der Pflanze das Wunder der Blume gibt.

Art. 9
Es wird erlaubt, daß das tägliche Brot
das Brandmal des Schweißes im Menschen trägt;
vor allem aber soll es immer den warmen Geschmack
der Zärtlichkeit haben.

Art. 10
Jedem Menschen wird es erlaubt,
sich in jeder Stunde seines Lebens
weiß zu kleiden.

Art. 11
Es wird erlassen, als Definition,
daß der Mensch ein Tier ist, das liebt,

und daß er dadurch schön ist,
viel schöner als der Morgenstern.

Art. 12
Es wird erlassen, daß nichts mehr erzwungen
noch untersagt sein wird.
Alles wird erlaubt sein,
vor allem mit dem Rhinozeros zu spielen
und am Nachmittag
mit einer riesengroßen Begonie im Knopfloch
spazierenzugehen.

Einziger Paragraph:
Nur eines wird verboten bleiben –
zu lieben ohne Liebe.

Art. 13
Es wird erlassen, daß das Geld nie mehr
die Sonne des kommenden Morgens kaufen kann;
verbannt aus dem großen Kasten der Angst,
wird es sich in ein brüderliches Schwert verwandeln,
um das Recht, zu singen,
und das Fest des geborenen Tages zu verteidigen.

Schlußbestimmung:
Der Gebrauch des Wortes Freiheit wird hiermit verboten;
dieses Wort wird überdies aus allen Wörterbüchern gestrichen
und aus dem trügerischen Morast der Münder.
Von nun an wird Freiheit
etwas Lebendiges und Durchsichtiges sein
wie das Feuer, der Fluß oder der Same des Weizens;
und ihre Wohnung wird für immer
das Herz des Menschen sein.

(Deutsch von Catharina Wendt)

Claudio Murillo: ICH BEWEINE MEIN VATERLAND

(geboren ?, Brasilien)

Mein Land, Land der Apokalypse,
verkalkte Seelen,
geöffnete Adern und Verzweiflung,
Mutlosigkeit auf den Straßen.

Schwarze Nächte und Nebel
in den dunklen Tagen.
Wo ist das Licht?
Wo sind die leuchtenden Himmel?

Du kannst nur noch leiden,
mein verlorenes Vaterland,
den Dichtern bleibt nur noch das sterile Gedicht
und ein unnützer Trauergesang.

João Cabral de Melo Neto: DER LANDFLÜCHTLING WOHNT DER BEERDIGUNG EINES TAGELÖHNERS BEI UND HÖRT WÄHREND-DESSEN, WAS DIE FREUNDE, DIE IHM ZUM FRIEDHOF GEBRACHT HABEN, VON DEM TOTEN SAGEN

(geboren 1920, Brasilien)

– Das Grab, in dem du liegst,
nach Spannenmaß gegeben,
ist der geringste Lohn,
den du verdientest im Leben.
– Es hat eine gute Größe,
ist weder breit noch spitz.
Es ist der Teil, der dir gehört
von diesem Großgrundbesitz.
– Es ist kein großes Grab,
ein Grab, gut abgeteilt.
Es ist das Land, von dem du hofftest,
es werde aufgeteilt.

– Es ist ein großes Grab
für dein bißchen Tod.
Aber immer noch besser
als all die Lebensnot.
– Es ist eine großes Grab
für deine Dürftigkeit.
Doch mehr als in der Welt
wird es dir darin weit.
– Es ist ein großes Grab
für dein Fleisch, so arm, so schwach.
Doch einer geschenkten Erde
sieht man manches nach.
– Jetzt lebst du auf dem Land,
das du für immer gepachtet,
und bist von allen geachtet.
– Hier wirst du für immer bleiben, von Sonne und Regen befreit,
für Ameisenzucht bleibt dir jetzt Zeit.
– Hier arbeitest du ungestört
für dich, nicht halbpart wie auf Land,
das einem andren gehört.
– Auf der Erde, die du bestellst,
bist du nicht nur der Ackermann,
bist auch Pflug und Ochsengespann.
– Diese Erde bestellen
erhält dich für immer jung:
Bist Ernte, Samen und Dung.
– Die Erde, die du bestellst
befreit dich von Kleidersorgen,
sie ist rauh wie Leinen vom Norden.

– Aus der Erde wird sein
dein allerletztes Hemd:
Bequem liegst du drin und unbeengt.
– Aus Erde wird es sein
und dein allerbestes Hemd:
Von keinem beneidet und dir selber nicht fremd.
– Aus Erde hast du einen Rock und eine Hose dazu,
und zum erstenmal ein Paar Schuh.

– Da du ein Mann bist,
dient dir die Erde als Hut,
einer Braut wäre sie als Schleier gut.
– Dein bester Anzug ist die Erde,
wie du weißt:
Man flickt ihn nicht, weil er nicht reißt.
– Aus Erde ist er
und sitzt wie er immer saß:
Ein feiner Anzug nach Maß.

– Dieser Boden ist dir gut bekannt.
(Er trank deinen verkauften Schweiß.)
– Dieser Boden ist dir gut bekannt.
(Er war dir von Jugend an zu heiß.)
– Dieser Boden ist dir gut bekannt.
(Er hat dir die Manneskraft genommen.)
– Diesem Boden bist du gut bekannt.
(Er hat all deine Söhne bekommen.)
– Diesem Boden bist du gut bekannt.
(Er hat dich von Kind an ausgelaugt.)
– Diesem Boden bist du gut bekannt.
(Er hat dich auch sonntags ausgesaugt.)

– Nun liegen deine Kräfte brach.
Man hat dich gesät der Länge nach.
– Trägst selber keinen lebendigen Samen.
Maniok ist jetzt dein Leibesnamen.
– Trägst keinen Steckling von Zuckerrohr.
Bist selber Steckling, nur nicht aus Rohr.
– Säst nicht mehr aus deiner Hand.
Bist selber das Korn im Ackerland.
– Hast keine Kräfte mehr zum Mähen.
Drum laß dich in die Furche säen.
– Hast in den Beinen keine Kräfte.
Drum schaffst du der Scholle neue Säfte.

– Deine Hängematte spürt keine Schwere,
nur eine dürre, entkörnte Ähre.

– Viel lag in deiner Hängematte nicht,
nur ein Kolben Mais mit wenig Gewicht.
– In der Hängematte schwach und karg,
der Maiskolben ohne Körnermark.
– In den Hängematten zuwenig lag,
Lebensernte ohne zweiten Ertrag.

– In der rechten Hand ein Rosenkranz,
schwarzer Mais und ohne Glanz.
– In der rechten Hand aus Asche nur
der Rosenkranz, verdorrte Spur.
– Bracher Samen für totes Land,
der Rosenkranz in der rechten Hand.
– In der rechten Hand der Rosenkranz,
lebloser Samen, der nicht mehr tanzt.

Im Sarge liegst du nackt und bloß,
so nackt wie das Korn in der Erde Schoß.
– So sehr ließ dich die Kraft im Stich,
daß deiner Brust die Luft entwich.
– So viel hast du im Leben entbehrt,
daß sich dein Atem in Röcheln verkehrt.

Auf tut sich die Erde, die dich schützt,
das Laken, das lebend du nie benützt.
– Auf tut sich die Erde und deckt dich zu,
sie ist dein Bett für die ewige Ruh.
– Auf tut sich die Erde, die dich umhüllt
wie eine Frau, die dein Verlangen stillt.

(Übersetzung: Curt Meyer-Clason)

José de Oliveira Falcon: VEREINTES AMERIKA

(geboren 1940, Brasilien)

Länder, die
Blut und Rohstoffe,
Massaker und Raffgier exportieren.

Länder, die
Leben und Schweiß
an die industriellen Zentren,
an die Latifundien und an die Fabriken verkaufen.

Kinderfriedhof,
Land hungernder Menschen,
subversive Massen
Lateinamerikas.

Massen von Guerillas,
in denen ein Schrei explodiert:
Amerika für die Brüder,
Brüder von Blut und Schweiß.

Alfonso Chase: MONOLOG EINES BISCHOFS, DER IN EINEM TUNNEL WOHNT

(geboren 1945, Costa Rica)

> Ich verabscheue und zerstöre eure Feiern,
> mir gefallen eure feierlichen Versammlungen nicht.
>
> (Amos 5, 21)

Glücklich wir, für die die Armen geschaffen wurden,
jene verzweifelten Menschen, deretwegen
die Wohltätigkeit,
die guten Werke
und die Wiederauferstehung der Leiber erfunden wurden.
Glücklich wir, die Geretteten,
die wir beim Rosenkranzbeten
der Zeit nachträumen,
die zwischen Gebeten, Messen und Beerdigungen verstreicht;
den Advent
mit Wein,
die Karwoche
mit Sardinen
und die Fastenzeit unter Anteilnahme der Bevölkerung feiern.
Wir Glücklichen, wir segnen Brautpaare,
Wasserleitungen, Banken, Fabriken,
Funkstreifenwagen
und Maschinengewehre.
Glücklich wir, die Sanftmütigen,
die wir für Ordnung in unseren Pfarreien sorgen,
die wir feiern, daß von zweihundert Priestern
nur fünf an den Paraden des 10. Mai teilnahmen.
Glücklich wir,
die Freunde der Industriebosse und der Arbeitgeber,
Ratgeber der reichen Damen,
wir, die wir wohltätige Feste vorschlagen,
sterbende Bankiers beraten,
der Wirkung unserer Worte von der Kanzel aus
Nachdruck verleihen
und im stillen den Triumph der Ordnung

und der Bajonette in fernen Orten
feiern.
Ja, gesegnet sei unsere Fähigkeit,
noch das letzte Wort
der Manifeste zu lesen,
die von ungeduldigen Christen geschrieben wurden,
und unsere Gelassenheit, zusammen mit dem Präsidenten
während der Sitzungen des Rotary Clubs aufzutreten.
Oder die Geduld, die schmutzigen Kinder
der Kindergärten
in unseren Armen zu halten.
Gesegnet sei meine Einsamkeit,
meine freiwillige Zurückgezogenheit von der Welt,
die Ruhe, die in meinem sauberen Palast herrscht,
die Gewandtheit meiner Sekretäre,
mir die schmerzlichen Nachrichten zu verheimlichen,
und die Sorgfalt der Behörden, jene Slumbewohner
zu vertreiben,
die sich auf meinem Landgut eingenistet haben.
Gesegnet sei der Frieden, die herrschende Ordnung
und die Sanftmut unserer Brüder im Herrn,
mit der sie ihre Ohren vor
den Gerüchten von Revolten
und Revolutionen verschließen,
mit der sie jeden Tag Teile irgendeines frommen Buches lesen,
und dem Beitritt
in die Christliche Arbeiterjugend
oder in die Katholische Universitätsjugend mißtrauen,
denn diese sind subversiv bis ins Mark
und haben aus ihren Lokalen die Heiligenbilder entfernt,
um dafür auffällige Plakate anzubringen,
deren Texte ich nicht wiedergeben möchte,
und sie feiern Gottesdienste mit Gitarren, Trompeten und Mandolinen.

Bärtige und Langhaarige
empfangen den Herrn
und gefährden ihre Seelen
bei der Lesung mehrdeutiger Evangelien,

die von unseren Doktoren und Theologen erklärt werden müßten;
und gesegnet sei die Erhabenheit meiner Predigten
und meine Geduld
und die blasse Schlichtheit
meiner öffentlichen Auftritte:
immer an der Seite des Präsidenten, eines Ministers
oder eines Botschafters
mit gutem Geschmack und klugem Denken,
verständnisvoll und väterlich
wie ein neuer Apostel.

Jorge Debravo: GLAUBENSBEKENNTNIS
(1938–1967, Costa Rica)

Ich bin nicht gewöhnt zu sagen: Ich liebe, ich liebe dich,
es sei denn, daß die Liebe mich völlig überschwemmt
von den Augen bis zu den Füßen.
Mein Körper ist eine einzige Wahrheit,
und jeder Muskel kennt die Begeisterung.

Ich sagte einmal: Ich leide! Denn das Leid
neben mir trat mit seinen Pferdehufen um sich.

Und ich sage immer noch: Ich warte. Denn man könnte mir
die Erinnerung wie einen Arm ausreißen,
aber nicht meine Hoffnung, mein innerstes Mark;
nimmt man sie mir, werde ich aufhören, dir die Hände zu reichen.

Ich glaube an alle Früchte, die süßen Saft haben,
und ich glaube, daß es keine Früchte mit bitterem Saft gibt.
Es ist nicht die Schuld der Früchte,
wenn unser Gaumen eng und begrenzt ist.

Ich glaube an das Herz des Menschen, ich glaube,
daß es aus reiner Zärtlichkeit besteht,
wenn auch die Hände manchmal morden, ohne es zu wissen,
und blutgierige Gewehre halten.

Ich glaube an die Freiheit trotz der Fallen,
trotz der eingezäunten Felder.

Ich glaube an den Frieden, trotz der Bomben
und trotz der Helme.

Ich glaube, daß alle Länder ein einziger Ort
der Liebe für die Menschen sein werden, trotz der Pakte,
trotz der Grenzen und der Botschafter
und trotz der freien Menschen, die sich selbst zu Sklaven machen.

Und ich glaube an die Liebe, an jene stählerne Liebe,
die Arme und Beine stark macht,
die im Verborgenen wirkt,
die, vor Haß und Spott sicher,
sich unter den Kleidern verwandelt in Muskel,
Organ, Erfahrung, Nerv, Ganglion,
trotz des Grolls, der uns das Herz mit Totenvögeln übersät.

Mehr als an meine Augen
und mehr als an die Macht und die Begeisterung
glaube ich an die Liebe.

Jorge Debravo: WICHTIGKEIT

Das Wichtige an mir ist nicht mein Leib,
jene Art von Chinabaumhülse,
die so viel Bitterkeit enthält.
Das Wichtige ist meine Stimme, meine verletzte Liebe,
die mit ihrer Kraft Gewehre zeichnet.
Wichtig ist, daß mein Schrei
– ein rotes Bündel ätzender Zungen –
ewig die Ungerechtigkeit anklagt.
Einige müssen mich hören, einige,
die den Protest wie einen Amboß hochhalten,
um die Mauer der Schmach zu brechen
und die verschütteten Kräfte zu befreien . . .

Dann wird selbst Gott nicht mehr
auf den Wolken gehen können:
Der Mensch wird leben und das Leben melken
wie einen irdischen, riesigen Euter.

Victór Jara: GEBET EINES LANDARBEITERS

(1938–1973, Chile)

Erhebe Dich, der Du lebst im Gebirge,
das uns Wasser, Sonne und Wind bringt;
der Du den Lauf des Flusses lenkst
wie den Flug Deiner Gedanken:
Erhebe Dich, sieh auf die Hände
auch Deines Bruders, der heranwächst
in dieser blutigen Zeit.

Und erlöse uns von dem Übel der Armut,
denn Dein ist das Reich
der Gerechtigkeit und der Gleichheit.
Stürz mit der Kraft des Windes
die toten Bäume,
härte wie das Feuer
den Lauf des Gewehres;
Dein Wille geschehe
endlich also hier auf Erden
Deine Kraft und Deine Kühnheit
gib uns heute für den Kampf.
Denn Dein ist die Macht
und die Menschlichkeit
in Ewigkeit.
Amen.

Victór Jara: FAHNEN AUF DEINEM GRAB

Bruder, du unter der Erde, Genosse,
du bist nicht gestorben, nicht tot.
Dein Herz schlägt im erblühten Frühling,
im Wind der Veränderung.

Frische Erde bedeckt dein Gesicht,
der Sonne verborgen.

Doch begraben heißt für den Bauern: Säen;
du bist die Saat, die Wurzel, der Boden
der neuen Zeit.

Die Spur deiner wunden Füße
werden andere aufnehmen,
bescheiden, beharrlich, unermüdlich.
Säend das Leben, fortschreitend, singend.

Noch wird dein Name geflüstert,
der die Reichen erschreckt, die Armen ermutigt.
Die Flamme des einzelnen konnten sie löschen,
doch nicht den Brand der Revolution.

Bruder, hier auf der Erde, Genosse,
tragen wir deine Fahne voran,
der Sieg über Angst und Schrecken
ist uns gewiß.

Hernán Lavín Cerda: ERHABENE KÖNIGIN DES HIMMELS, HILF MIR

(geboren 1939, Chile)

Erhabene Königin des Himmels,
    hilf mir, dieses Gedicht zu schreiben,
nimm mich unter deinen Schutz,
und mit deiner Hilfe werde ich die Kraft haben,
um ihnen zuzuschreien: Habt Mut zur Liebe! Und gebt
rechtzeitig die ungerechten Reichtümer auf, verlaßt den Tempel.
Schöne Frau, verwende dich dieses Mal für deine Indios,
    deine zerlumpten Armen.
Dein Licht möge herabscheinen. Die Habsucht
wohnt im weißen, blonden Menschen.
    (Sie besitzen die Macht des Wortes.)
Deshalb komm jetzt wie ein Blitz,
auch wenn es mit Schmerz und Angst sein sollte,
    wirf ihnen Sand in die Augen.

Sie sind hier die Barbaren.
Erhabene Königin des Himmels,
laß nicht zu, daß ich verblendet werde,
und hilf mir, dieses gerechte Gedicht zu beenden.

Hernán Lavín Cerda: ERHABENE KÖNIGIN DES HIMMELS, SCHÜTZE UNS

Erhabene Königin des Himmels,
schütze uns vor Hochmut,
vor Machtmißbrauch (vor Hirngespinsten),
vor jeglichem Fanatismus,
vor Kritiklosigkeit.
Erlaube nicht,
daß die geschmeidige Caicai sich in die Regierung einschleicht.
Bewahre uns vor Schlagworten!
Gerechte Frau, sei unsere Fürsprecherin vor Gott im Himmel,
damit das Volk nicht seine Trommeln,
seine Speere,
seine Pfeile niederlege,
die Wachen nicht nachlassen,
sich gegenseitig Mut zu machen
und auf seine Kraft vertrauend keinen anderen Kult betreiben
als den der Wahrheit.
Die Macht vernebelt, Königin des Himmels,
Befreie uns deshalb
und laß uns nicht
in Versuchung kommen.

Hernán Lavín Cerda: ERHABENE KÖNIGIN DES HIMMELS, VEREINIGE DICH MIT UNS

Erhabene Königin des Himmels,
schließ dich uns an,
denn seit Freitagnacht tanzen wir im Kreise
und springen wie Kröten, Maultiere und Frösche.

Dicht über dieser Erde tanzen wir
und drehen und schlagen unsere Trommeln und spielen Flöte
auf den Knochen und Schienbeinen der geschlagenen Feinde,
        der Gesandten des Königs,
        des State Department,
        die Boten der bösartigen Caicai*.
Das ist ein Fest mit Branntwein vom Himmel und Gepfeife
aus Flöten, das um die Erde kreist.
Laßt uns einen Kreis bilden!
(Es ist das Zeichen der Fruchtbarkeit.)
Hier fällt ein Reich.
Die Uhus schließen die Augen
und erheben sich zum Rückflug.
Die Luft ist rein; unsere Waffen ruhen.
Wir werden trinken bis der Tag beginnt.
Der Branntwein erhitzt uns und so auch den Verstand.

Erhabene Königin des Himmels, komm,
aber tanze nicht mehr mit denen,
die dich immer noch schmücken und verkaufen.
Komm in diesen Kreis und bete für uns!

Pablo Neruda: DAS GEBIRGE UND DER FLUSS

(1904–1973, Chile)

In meinem Vaterland erhebt sich ein Gebirge.
In meinem Vaterland fließt ein Fluß.

Komm mit.

Die Nacht steigt die Berge hinauf,
der Hunger fließt den Fluß hinunter.

Komm mit.

* Der Teufel in Form einer Schlange, Urheber der Sintflut in Chile.

Wer sind die Leidenden?
Ich weiß es nicht, sie rufen mich
und sagen mir: »Wir leiden.«

Komm mit.

Sie sagen mir: »Dein Volk,
dein unglückliches Volk
zwischen Berg und Fluß,

mit Hunger und Leiden,
will nicht allein kämpfen,
es erwartet dich, Freund.«

Ich liebe dich,
kleines rotes Weizenkorn,
der Kampf wird grausam sein,
aber, komm mit,
hart wird das Leben sein.

(Übersetzung: Kajo Niggestich)

Pablo Neruda: DIE DIKTATOREN

In den Zuckerrohrfeldern ist ein Geruch geblieben,
ein Gemisch von Blut und Leiche, eine betäubende
Blüte, die Ekel erregt.
Unter den Kokospalmen sind die Gräber voll von
zerschlagenen Knochen, voll von verstummtem Röcheln.
Der empfindsame Satrap unterhält sich
mit Pokalen, Kragen und goldenen Schnüren.
Der kleine Palast glänzt wie eine Uhr,
und dann und wann huscht blitzhaft ein behandschuhtes
Lachen durch die schmalen Gänge
und verbindet sich den toten Stimmen
und den blauen, frisch eingescharrten Mündern.

Das Weinen ist wie eine Pflanze verborgen,
deren Same unaufhörlich auf den Boden fällt,
die ihre großen blinden Blätter lichtlos treibt.
Schuppe an Schuppe ist der Haß gewachsen,
Schlag um Schlag, im grausigen Wasser des Sumpfs,
mit einem Maul voll Schlamm und Schweigen.

(Übersetzung: Erich Arendt)

Nicanor Parra: VATER UNSER

(geboren 1914, Chile)

Vater unser der du bist im Himmel
Voll von Problemen
Und sitzest mit gerunzelter Stirn
Wie ein gewöhnlicher Mensch
Höre auf an uns zu denken.

Wir verstehen daß du leidest
Weil du die Dinge nicht in Ordnung bringen kannst.

Wir wissen daß der Böse dir keine Ruhe läßt
Und gleich zerstört was du so herrlich fügst.

Er verlacht dich
Doch wir weinen mit dir.

Vater unser der du bist wo du bist
Umringt von ungetreuen Engeln
Wirklich
Mach dir unseretwegen nicht das Leben schwer
Du mußt einsehen
Daß Götter nicht unfehlbar sind
Und daß wir alles verzeihen.

Nicanor Parra: AGNUS DEI

Horizont aus Erde
                    Gestirne aus Erde
Tränen und unterdrückte Schluchzer
Maul das Erde spuckt
                    weiche Zähne
Leib nicht mehr als ein Bündel voll Erde
Erde mit Erde – Erde mit Würmern

Unsterbliche Seele – Geist aus Erde

Lamm Gottes das du hinwegnimmst die Sünden der Welt
Sag mir wieviel Äpfel gibt es im irdischen Paradies

Lamm Gottes das du hinwegnimmst die Sünden der Welt
Sei doch so gut und sag mir die Uhrzeit

Lamm Gottes das du hinwegnimmst die Sünden der Welt
Gib mir deine Wolle für einen Pullover

Lamm Gottes das du hinwegnimmst die Sünden der Welt
Laß mich jetzt in Ruhe bumsen:
Misch dich nicht ein in diesem heiligen Augenblick.

Violeta Parra: WEIL DIE ARMEN NICHT WISSEN

(1917–1967, Chile)

Weil die Armen nicht wissen
wohin noch schauen
schauen sie zum Himmel
voller Vertrauen
dort das zu finden
was der Bruder ihnen nahm.
Palomita
wie seltsam ist das Leben, zambita.

Weil die Armen nicht wissen
an wen sich noch wenden
rufen sie zum Himmel
mit leeren Händen
weil der Bruder nicht mehr hört
die Stimme ihres Herzens.
Palomita
wie seltsam ist das Leben, zambita.

Weil die Armen nicht haben
Hoffnung auf dieser Erde
hoffen sie, daß im Himmel
alles geregelt werde.
Darum die Prozessionen
die Kerzen und die Gebete.
Palomita
wie seltsam ist das Leben, zambita.

Seit unendlichen Zeiten
hat man die Hölle erschaffen
um die Armen zu erschrecken
mit ewigen Strafen.
Und der Arme, der unschuldig ist
glaubt es in seiner Unschuld.
Palomita
wie seltsam ist das Leben, zambita.

Um die Lüge abzurunden
sagt der Beichtvater: mein Sohn
Gott will auf keinen Fall
die Revolution
nicht Streiks noch Syndikate
denn das beleidigt sein Herz.
Palomita
wie seltsam ist das Leben, zambita.

(Übersetzung: Anneliese Schwarzer de Ruiz)

Maximo Avilés Blonda: PARABEL VOM STUMMEN MENSCHEN (1948)

(geboren 1931, Dominikanische Republik)

Bruder der gebrochenen Stimme,
süßer Bruder des Schweigens,
Bruder der Rose,
die mit dem Tag stirbt,
ohne den Tau um Linderung für seinen Tod zu bitten.

Bruder des Schweigens,
mein Bruder,
deine Worte werden nicht geboren,
sie sterben in dir
vor ihrer Geburt,
und ich sage dir, geliebter Bruder,
daß manchmal auch meine Worte sterben.

Dein Schweigen redet zu mir,
dieses bittere Schweigen,
das in der Kehle nistet
und deine Stimme bricht
und deine Schreie aushöhlt,
dieses harte Schweigen,
daß so vieles zum Schweigen bringt.

Bruder unter Stein und Staub,
nur die Schritte sprechen zu dir.

Hauch des stummen Gottes,
stille Bitte um Zärtlichkeit,
Herz, das verglüht,
ohne sein Feuer zu zeigen.

Bruder der gebrochenen Stimme,
versuch nicht zu sprechen,
denn ich möchte deine Schreie nicht
wie taube Glocken hören.

Bruder des Schweigens,
mein Bruder,
ich würde dir nicht gerne sagen,
daß deine Stimme ein Traum ist,
daß deine, daß meine,
daß alle Stimmen Träume sind.

Ich sagte dir schon einmal, mein Bruder,
daß manchmal auch meine Worte sterben.

Lupo Hernández Rueda: DIESES LAND

(geboren 1930, Dominikanische Republik)

Dies ist unser Land,
mit Krallen
mit Skorpionen
mit Regenbogen
mit Peitschen
mit Riten
mit Schweineställen
mit Mühen
mit Steinen
mit Schmarotzern
mit Besitzern
mit Hunger
mit Groll
mit Blut
mit Einsamkeit
mit Sand
mit Tod.

Dies ist unser Land,
ohne Beleuchtung
ohne Nahrung
ohne Straßen

ohne Alphabet
ohne Erinnerungen
ohne Landkarten
ohne Lärm
ohne Stadtbewohner
ohne Augen
ohne Geräte
ohne Wasser
ohne Alter
ohne Zeit
ohne Getreide
ohne Gott
ohne Freiheit.
Es gibt etwas zum Sterben und zum Singen:
viel Elend und das Meer.

José Ulises Rutinell: HAITI – EINE BLUTSPUR

(geboren 1943, Dominikanische Republik)

In schrecklicher Dunkelheit
hörte ich deinen bitteren Namen.

Haiti,
eine Blutspur umringt dich,
Haiti,
mit deinen Bergen und deinem Leiden
bist du auf dem Weg zur Seligkeit,
ein Vorgebirge aus Leichen,
nach einem bitteren Kampf,
ohne Ende, ohne Zeit.

Haiti,
kaum mehr als ein Name,
den man ängstlich ausspricht,
der in den Tod eindringt.

Du bist eine blutende Wunde,
ein übel zugerichteter Körper,
der Freiheit sucht
und mit dem Tode ringt.

Haiti,
Blut, verwandelt in Tränen,
Tränen, verwandelt in Hunger,
Hunger, der nach Krieg ruft.

Haiti,
dein einsamer Name
fließt durch meine Adern,
eine Insel, die wir kennen
wie die Trauer.

Eugenio Morene Herida: TOTENWACHE
(geboren 1925, Ecuador)

Wer beweint das Indiokind,
das heute Nacht starb?

Es weint die Mutter,
sie singt große Tränen
und schreit den Tod an,
der, verborgen in ihrem Umhang,
sie schmerzt.

Es weint der Vater
und schlägt seinen Kopf
gegen einen schwarzen Stein.

Wer beweint das Indiokind,
das immer Pfefferblätter
am Rande des Weges pflückte?

Es weint eine Taube auf der Schattenmauer,
und es weinen die Ochsen
mit ihren Augen, die um das Geheimnis wissen,
feuchtes Gebrüll,
das dröhnend in die Nacht hinabsteigt.

Wer beweint das Indiokind,
das den Regen voraussagte
und zum Lagerfeuer lief,
um die Funken sprühen zu sehen,
während jemand
sehr streng sprach
oben, am Himmel?

Die trostlose Nacht weint,
und mein Herz fleht
sinnlos
in der Leere.

Julio Fausto Aguilera: DER DICHTER AUF DEM WEG INS GEFÄNGNIS

(geboren 1935, Guatemala)

Ich bin auf dem Weg ins Gefängnis,
denn ich bin eine Stimme der Freiheit.
Damit sie noch freier werde,
schleppen sie mich ins Gefängnis.

Denn ich gehöre so eng zum Gefängnis,
wie die Freiheit zu mir gehört;
wer das zärtliche Mädchen liebt,
muß auch deren harte Schwester hinnehmen.

Wenn mich auch die Zärtlichkeit begeistert,
so kann die Härte mich nicht zerbrechen;
ich bin von hartem Holz,
von bewährtem Holz.

Durch die Strenge des Hungers,
durch die Starre der Kälte
werde ich stärker,
werde ich wacher.

Dort, wo ich allein war
und im dunklen Kerker,
dort wird die Freiheit sein
mit ihrer Glut für alle.

Ich bin ein Schuldner der Freiheit;
ich schulde ihr sehr viel
und weiß, was ich ihr verdanke;
ich muß bezahlen, denn ich bin ehrenwert.

Sie beschenkt mich jeden Tag.
So zahle ich ihr gerne
Münzen der Aufrichtigkeit zurück,
die ich im Gefängnis prägte.

Freiheit, beschenke mich auch in Zukunft,
denn ich begleiche meine Schulden.
Schleppt mich also ins Gefängnis,
damit ich freier werde.

Miguel Angel Asturias: GLAUBENSBEKENNTNIS

(geboren 1899–1974, Guatemala)

Ich glaube an die Freiheit, die Mutter Amerikas,
Schöpferin der Süßwassermeere auf dem Festland,
und an Bolívar, ihren Sohn, unseren Herrn;
geboren in Venezuela, hat er gelitten unter der
spanischen Herrschaft.
Er wurde bekämpft, spürte sein Ende auf dem Chimborazo
und stieg mit dem Regenbogen hinab in die Hölle,
von wo ihn die Stimme Kolumbiens wieder auferweckte.
Er berührte den Ewigen mit seinen Händen
und sitzt zur Rechten Gottes.
Richte uns nicht, Bolivar, vor dem Tage des
Jüngsten Gerichts,
denn wir glauben an die Vereinigung aller Menschen,
die mit dem Volk vereint sind. Nur das Volk
befreit die Menschen. Den Tyrannen erklären
wir den Krieg bis auf den Tod und ohne Pardon.
Wir glauben an die Wiederauferstehung der Helden
und an das ewige Leben derer, die wie du,
Befreier, nicht sterben, sondern die Augen schließen
und wachen.

(Übersetzung: Kajo Niggestich)

Otto René Castillo: BEKANNTMACHUNG

(1936–1967, Guatemala)

Nichts
wird
gegen diese Lawine
der Liebe etwas ausrichten können.
Gegen das Wiedererstarken des Menschen
in seinen edelsten Strukturen.

Nichts
wird
gegen das Vertrauen des Volkes
in die Kraft seiner Hände etwas ausrichten können.
Nichts
wird
gegen das Leben etwas ausrichten können.

Und nichts
wird
gegen das Leben etwas ausrichten können,
denn nichts
konnte
jemals
gegen das Leben etwas ausrichten.

Otto René Castillo: GESCHMACK NACH TRAUER

Du kennst nicht,
meine zarte Tänzerin,
den bittren Geschmack der Trauer,
den die Erde hat,
dort, wo mein Herz dampft.
Wenn jemand an die Türe klopft,
weißt du nie, wer um
ein Almosen bittet:

das Leben oder der Tod.
Wenn du auf die Straße gehst,
ist es möglich, daß deine Schritte
nie mehr zurückfinden
in die Geborgenheit deines Hauses,
sobald sie die Schwelle überschreiten.
Wenn du ein Gedicht schreibst,
kann es morgen schon
als Grabschrift dienen.
Wenn der Tag schön ist
und du lachst,
kann die Nacht
dich schon in einer Zelle finden.
Wenn du den Mond küßt,
der deine Schultern streichelt,
kann der Morgen schon ein Messer
aus Salz
in deine Augen senken.
Bitt'ren Geschmack der Trauer
hat die Erde, dort wo ich lebe,
meine zarte Tänzerin.

Weißt du,
ich glaube, daß ich in mein Land
zurückgekehrt bin,
nur um zu sterben.
Und in der Tat:
Ich kann es immer noch nicht fassen.

Otto René Castillo: BALD

Aller Haß wird dampfen,
die Gefängniswärter werden es bereuen,
und die Henker werden spüren,
daß sie zum Tode hin
wachsen,

wenn sie hören,
daß der Morgen kommt
mit der Fahne der Morgenröte
in seinen reinen Händen.

Aber du,
liebe Gitarre
meines amerikanischen Blutes,
wirst mich lachen, tanzen, schreien,
meine Stimme gegen die Sterne gerichtet sehen,
weil du der Krug meines Lebens bist
und weil in der Tiefe meiner Brust
deine Seele, meine schwarze Heimat, galoppiert
wie ein kleiner Hirsch im Tau.

Und wenn ich nicht mehr
auf dem Planeten bin,
müßt ihr auf jeden Fall,
Landsleute,
lachen, tanzen, schreien.

Sie wird euch immer begleiten:
meine zarte Liebe.

Marco Antonio Flores: AUS DEM GEFÄNGNIS

(geboren 1937, Guatemala)

Mit allen Leuchtkäfern
der Welt
werde ich eine Mauer aus Licht
errichten, um die Schatten der Gefängnisse
zu erleuchten.
Nehmt meine Hände,
die – nachdem sie mehr als
tausend Jahre mit ihren Gewehren schrien –
immer noch leidenschaftliche Hämmer sein wollen,
um die Gitter zu zerstören.

Nehmt meine Augen,
die sich daran gewöhnt haben,
in ihrem dunklen Licht
die Schreie
der Gefolterten wahrzunehmen,
und nehmt sie als Balsam
für ihre Rücken.
Nehmt schließlich
meine Angst,
die meine Haut,
meine Hände,
meine Freude quälte,
und macht aus ihr
tausend Tauben,
die aus einem
Schrei aufsteigen,
der in den schrecklichen Gefängnissen
der Welt
langsam erstirbt.

Otto-Raul González: ZUSAMMENBRUCH, 1954
(geboren 1921, Guatemala)

Ich schreibe diese Verse mit dem Spaten,
den der Bauer noch nicht benutzt hat;
ich schreibe diese Verse mit dem Wein,
den Guatemala noch nicht getrunken hat.

Ich schreibe diese Verse mit dem gebrochenen
Flügel des Vogels Quetzal, mit dem Schicksal
meines Landes, dem auf seinem Weg Gewalt angetan wurde;
ich schreibe mit der Blume und mit der Kugel.

Ich schreibe diese Verse mit der Tinte
des Vulkan d'Agua, dieses blauen Tintenfasses;
ich schreibe mit unauslöschlicher Leidenschaft.

Ich schreibe diese Verse mit Entschlossenheit,
das Herz heiß wie eine Schmiede
und wie kalter Schnee der Kopf.

Arqueles Morales: REDE ÜBER DEN FRIEDEN

(geboren 1936, Guatemala)

Erlauben Sie mir, daß ich Ihnen von meinen Toten erzähle,
daß ich Ihren Augen den unheimlichen Schatten dieses
Gefängnisses vorführe; daß ich Ihnen diesen Staub zeige,
diese Blume, von der man sagt, sie sei verwelkt,
die aber in Wirklichkeit zertreten wurde;
daß ich Ihnen dieses Antlitz beleuchte,
damit Sie in dem Einschuß die Pulverspuren sehen.

Der Name einer Frau,
an die Wände der Zelle geschrieben,
von einem Mann, den sie zu Tode folterten.
Ein Kind, das verhungert,
eine Frau, die ein Waisenkind gebar,
ein Selbstmörder, der eine Brücke wählte
für seinen akrobatischen Sprung.

Deswegen, meine Herren, verstehe ich den Frieden.
Daß der Friede meines Volkes sein Kampf ist
– durch das offene Fenster und auf seinem Land –;
daß er ein kleiner und gerechter Krieg ist;
daß er eine Bombe ist, die mitten in der Nacht
eine Lichtblende sät, für den, der sie hört;
daß er ein methodischer, geordneter Haß ist;
daß er ein geschliffener Stein ist, darin seine Väter,
unsere Laien und Guerilleros, leuchten.

(Aus: »La paz aún no ganada«, 1965)

Roberto Obregón: AUFENTHALT

(1940–1971, Guatemala)

Das Grab wächst ins Innere
der Erde.
Nach oben spiegeln
die Gebeine
das Bild der Guerilleros.
Abends kommen sie hervor und besichtigen
die Brücken,
die Festungen,
die zerstörten Lager.
Manchmal schimmern sie im Nebel,
in der Erinnerung verlieren sie sich nie.

José Luis Villatoro: TRAUERGESANG FÜR DIE JUGENDLICHE LEICHE

(geboren 1932, Guatemala)

Wem gehört dieser junge tote Körper,
der uns anstarrt?
Die Straße streckte ihre mörderischen Fühler aus.
Auf blanke Pflastersteine
hämmerten sie seinen Namen durch ihn hindurch,
durchlöcherten sie sein verdächtiges Lächeln.

Jemand ging dicht an seine Lippen heran
und machte das Wort zu blutigen Fetzen.

Liebste, wie soll ich dir diesen Tod erklären,
ohne das werdende Leben in deinem Körper zu verletzen?
Es hieße, ohne Flußbett bis zum Ozean zu gelangen
und auf der Insel zu weinen, die ihn schmerzt.

Hier liegt ein ergreifender lebloser Körper;
seine Augen sind für immer geöffnet.

Liebste, wie soll ich dir den Morgen erklären,
da wir ihn kaum mit den Fingern erreichen?

(Aus: »Cantar ahora«, 1970)

Carlos Zipfel y García: GLAUBENSBEKENNTNIS

(geboren 1937, Guatemala)

Ich glaube an die Liebe und an ihren Weg.
Ich glaube an den Frieden und an des Menschen Schweiß.
Die Liebe empfangend, werden wir uns für immer
von der wahnsinnigen Wut befreien.

Ich glaube an den Frieden und an das flüchtige Lächeln,
an die Muskeln, die die Morgenröte rufen,
an die starken Körper der Landarbeiter
und an die Wahrheit, die Früchte trägt.

Ich glaube an die Rettung des späten Morgens,
an die irdische Bitte der Menschen,
die sich vor der stummen Furche beugen,
vor der dunkelbraunen, aufbrechenden Furche.

Ich glaube an die Heilung des Universums.
Ich glaube an den schrecklichen und gerechten Kampf,
der den Kosmos unter seinem klaren
und herausfordernden Glockenschlag erzittern läßt.

Ich glaube, daß das Gute uns auf den Gipfel des Berges trägt:
daß die Liebe das Universum heilt.

(Aus: »Radiografía y disección«, 1970)

René Depestre: DER VOGEL QUETZAL SCHREIT IN MEINEM HERZEN

(geboren 1926, Haiti)

Nachdem der Vogel Quetzal von seinem alten, zerstörten Maya-Land
fortgeflogen war, hat er sich in meinem Herzen niedergelassen.
Für ihn bin ich das Dach des alten Holzhauses,
für ihn bin ich der Rücken eines Negers,
daran gewöhnt, die Last mehrerer Jahrhunderte zu tragen;
für ihn bin ich der Dichter, der sich nie ergibt,
der Mensch, der sich nicht schämt wegen seiner Hände,
seiner Augen, noch der Flamme seines Mundes.
Ihm bin ich ein Bruder und der Maßstab einer Eisnacht,
wo wir den Fortschritt messen, den unsere Schreie
der Zärtlichkeit unserer Zeit abgewonnen haben, und zusammen
leiden wir unter den Hufen eines Feuerpferdes.
Wir ergeben uns nicht. Eingesperrt im Käfig
unserer Unschuld und unserer Gerechtigkeit,
wollen wir beide unsere Schreie der Menschlichkeit ausstoßen
gegen die Wut und den Haß, die uns hart treffen.

René Depestre: MEIN GEFESSELTES VATERLAND

In der Tiefe meines Daseins berge ich
das Leben meines Landes, in meinen Bewegungen
fühle ich seine verstümmelten Arme;
in meinem Blick häufen sich seine Augen
wie Muscheln im Korb; in mir leben die
Fetzen einer Sonne; in mir kreuzen sich seine Wege,
die nirgendwohin führen.

An mir haftet sein Geruch nach frischem Blut,
selbst, wenn ich mich gewaschen habe:
Geruch meines Vaterlandes, das an der einsamen Mole
der Freiheit angekettet liegt;

Geruch, der seinen Kindermund
in meiner Brust verzieht
und der keine Zuflucht finden kann.

Bedrängnis meines Vaterlandes: du bist ein Hund,
der die Sterne meiner Seele anbellt,
du zerteilst meinen Himmel,
du bist die ohnmächtige Wut der jungen Witwen,
die Brüste entblößt,
schlagen sie mit Fäusten
an das Gefäß meiner Dichtung.

Du bist die ausgehungerte Verzweiflung,
die vor jede Tür meiner Schwermut
einen Löwen stellt;
er ist das einzige Tier in meinem Haus,
und seine Stärke ist so gegenwärtig
wie das unerschrockene Blut jener Männer,
die in unseren Bergen
dem Widerhall deines Schreies folgen.

(Übersetzung: Kajo Niggestich)

Roberto Sosa: DIE AUSERWÄHLTEN DER GEWALT

(geboren 1930, Honduras)

Es ist nicht einfach, die Freude wiederzuerkennen,
nachdem man lange Zeit das Wehklagen gestaut hat.

Der Knall der Schüsse kann plötzlich den Ort der Intimität finden.
Der Himmel verbreitet Schrecken mit seinen leeren Buchten.
Die Vögel können das Prekäre der Gewalt
zwischen Fuß und Schnabel unterbringen.
Der kalte Krieg streckt seine blaue Hand aus und tötet.
Die Kindheit, jene der gepflegten Haare aus Glas,
haben wir nicht gekannt. Wir sind nie Kinder gewesen.
Der Schrecken spielte die Rolle des kalten Vaters.
Wir kennen seine Kraft, die uns langsam erstickte.
Wir kennen sein Antlitz
Falte für Falte, Zorn für Zorn.
Und obgleich wir von den Hügeln aus das Meer bewundern,
das hinter den Büschen beginnt mit junger, weißer Brandung.
So wurde unsere Kindheit doch in der Falle zerstört,
die unsere Eltern uns gestellt hatten.

Es ist schon viele Jahre her,
daß sich die Freude
den rechten Fuß und eine Schulter brach,
und wahrscheinlich steht sie nicht mehr auf,
die Arme.

Schaut.
Schaut sie genau an.

Angela Valle: DIE ENTERBTEN

(geboren ?, Honduras)

Groß ist das Land, Geliebter, aber es gehört uns nicht.
Du und ich, enterbte Landstreicher, die träumen,
wir hatten nicht einmal eine Parzelle Land,
um unser Nest zu bauen, um Wurzeln zu schlagen in ihr.

Das Land ist groß, Geliebter, und vor allem fruchtbar.
In seinem wohligen Schoße, einer Großmutter gleich,
waren unsere Küsse das Zittern des neuen Lebens.
(Nicht einmal einen Morgen Land werden wir als Erbe hinterlassen.)

Ach! Vielleicht würden unsere Kinder, bewußt und sicher,
die Heimat mehr lieben, wenn uns ein Garten gehörte,
der sich mit der Erde dreht . . .

So wie uns gibt es Millionen Menschen.
Geboren werden, wachsen, lieben, gebären, eines Tages sterben,
ohne auch nur ein einziges Stückchen Land zu besitzen.

Gonzalo Anrango: GEBET FÜR ALLE
(geboren 1932, Kolumbien)

Eine Minute Schweigen,
und danach sage ich euch, wem sie gilt.
Oder wäre eine Minute Protest besser?
Sie gilt nicht den Toten
noch der gemordeten Unschuld.
Sie gilt den Lebenden,
die doch umsonst sterben.
Denen, die leiden und deren Schmerz keine Zukunft hat.
Denen, die arbeiten und dennoch Hunger schieben.
Denen, die in Gefängnissen und Fabriken
sich nach einem Sonnenstrahl der Freiheit sehnen.
Dem Einsamen, der in der Menge
vergeblich nach einem Freund sucht.
Den Heimatlosen,
den Notleidenden,
den Besitzlosen,
die im eigenen Vaterland die Heimat suchen.
Denen, die kein Dach über dem Kopf haben
und die tagtäglich bang darauf hoffen,
daß die Sonne für alle scheint.
Denen, die nichts besitzen,
nicht einmal einen Meter Erde für ihr Grab.
Denen, die im Traum ein liebes Gesicht sehen
und die beim Erwachen der Haß,
die Raffsucht
und der Schwarzmarkt der Seelen erwartet.
Denen, die Angst vor dem Leben haben;
und diese Angst macht sie zu Feiglingen,
tötet in ihren Herzen
Mut,
Aufrichtigkeit
und Hoffnung.
Denen, die hassen und töten und nicht wissen,
warum sie es tun,
und in ihrem brutalen Vorgehen

zittert eine schwache Sehnsucht
nach der Liebe zwischen den Menschen.
Der armseligen Nutte, ein ums andere Mal
von Pharisäern
mit Steinen beworfen.
Den Gedemütigten, deren einzige Würde
in der kalten Klinge ihrer Dolche aufzuckt.
Den Atomwissenschaftlern,
die die tödliche Formel im chemischen Labor entdecken
und in Hochstimmung
den Sieg des Geistes feiern.
Kurzum . . . ein Gebet für alle:
für dich, für mich,
damit die Tyrannei des Kreuzes
und des Kerkers ein Ende finde
und damit wir in diesem Leben
jene Glückseligkeit genießen,
die man uns für das nächste Leben verspricht.

(Übersetzung: Kajo Niggestich)

Ramiro Lagos: GLAUBENSBEKENNTNIS
(geboren ?, Kolumbien)

Abc vom brennenden Dornbusch,
vom blühenden Zitronenhain,
Licht im Geiste des Juan Pueblo
grüne Flamme der Almende,
die die bittersten Täler
der Pflanzung belebt.
Unverhoffte Sonne der Blinden,
glühende Flamme der Lilie,
Kandelaber inmitten der Flamme,
übergroße Stimmgabel des Gesangs,
Sprecher des traurigen Landes,
Beichtstuhl der Schreie:

Ich glaube an Gott, der auf der Erde ist,
der die Ebenen und Berge bevölkert,
an den Gott der Ernten,
der das Korn vermehrt.
Er stieg aus den Wolken herab
und weinte wie ein Kind
im Stall der Landarbeiter,
neben ihm der Ochse und die Oliven.

Ich glaube an Gott, der zur Rechten sitzt,
ich glaube an seinen einzigen Sohn,
der die Händler aus dem Tempel vertrieb,
dem Bettler Almosen gab
und der beim letzten Abendmahl
sein Teil Brot und seinen Wein verschenkte.

Ich glaube an den Vater des Landes
und an die Parzelle seines Sohnes
mit dem Neuen Testament
und an den stolzen Geist,
der zu den Bergen aufsteigt
wie der mächtige Vogel der Anden, der Kondor.

Ich glaube an den Gott der Gerechtigkeit,
der kommen wird wie ein Caudillo,
um die Toten wiederaufzuwecken
und sich den Fragen der Lebenden zu stellen.

Ich glaube an Gott, der auf der Erde ist
und die Dreiheit wiedererweckt.

Pablo Armando Fernández: VOM MENSCH ZUM TOD
(geboren 1930, Kuba)

Freiheit, Ebenbild einer Liebe,
die nicht nur für sich allein lebt
bis
In dir sind wir
Nur du bist da

(Übersetzung: Ursula Messall)

Roberto Fernández Retamar: DER ANDERE
(geboren 1930, Kuba)

Wir, die Überlebenden,
wem verdanken wir das Überleben?
Wer starb für mich im Zuchthaus?
In wessen Herz traf die Kugel,
die mir gegolten hatte?
Welchem Toten verdanke ich mein Leben?
Wessen Gebeine leben in mir fort?
Die Augen, die man ihm herausriß,
sehen durch meine Augen.
Und seine Hand, die nicht seine Hand ist
und auch nicht mehr meine,
sie schreibt gebrochene Worte,
dort, wo er nicht ist, im Überleben.

Nicolás Guillén: ZUCKERROHR
(geboren 1902, Kuba)

Der Neger
im Zuckerrohr.

Der Yankee
über dem Zuckerrohr.

Die Erde
unter dem Zuckrerohr.

Blut,
das man uns nimmt.

(Übersetzung: Kajo Niggestich)

Nicolás Guillen: RÄTSEL

Den Morgen zwischen den Zähnen
und die Nacht im Haar.
Wer ist das? Das ist
– der Neger.

Sie ist eine Frau und gar nicht hübsch,
und trotzdem tust du alles, was sie dir befiehlt.
Wer ist das? Das ist
– die Hungersnot.

Sklavin der Sklaven
und Gebieterin der Landbesitzer.
Wer ist das? Das ist
– die Zuckerrohrplantage.

Die Schmach der einen Hand,
die immer auch die andre kennt.
Was ist das? Das ist
– das Almosen.

Ein Mann, der weint,
mit einem Lächeln, wie er's gelernt.
Wer ist das? Das
– bin ich.

Heberto Padilla: LIED

(geboren 1932, Kuba)

Schlaf,
meine Guerillera,
das Leben geht weiter.
Auf den Wegen
glänzen noch deine Augen.

Meine Augen
wachen für deine,
deine Augen
wachen für meine.

Schlaf,
ich möchte, daß meine Brust
das fruchtbare Land
deines Traumes ist.

Schlaf,
wir wollen die Falle des Todes
wie ein Gewehr auseinandernehmen.
Laß mich,
mein wachsames Mädchen,
mein Soldat,
dir dieses Liebeslied singen,
dieses einfache Lied.

Efrain Huerta: LIED
(geboren 1914, Mexiko)

Der Mond hat sein Haus.
Aber das schwarze Mädchen hat kein Haus,
das schwarze Mädchen aus Alabama.

Das schwarze Mädchen lächelt,
und sein Lächeln glänzt,
als wär's der Silberlöffel der Armen.

Der Mond hat sein Haus.
Aber das schwarze Mädchen hat kein Haus.
Das schwarze Mädchen,
das schwarze Mädchen aus Alabama.

Sergio Mondragón: DREI GEDICHTE FÜR LANDIS
(geboren 1935, Mexiko)

Landis
unendliches Glück ist es
deinen Namen zu schreiben
zu erinnern
deine Augen ganz Licht ganz Liebe
ein geistiges Tun ist es
die Landschaft deines Körpers aufleben zu lassen
eine Brandwunde in meinem Fleisch ist
dein Schweigen
Landis
du bist fortgegangen
in welches Land? in welche Erinnerung? in welch Vergessen?
du bist wie Wind zwischen meinen Fingern
du bist das Geräusch von Schwingen und Dunst über der Wüste
doch du bist
wirklicher als die die mich umgeben
du bist lebendiger

als die Nacht
lebendiger als mein Blut das traurig fließt und gekränkt
durch deine Abwesenheit
Landis
ich trage dich auf meiner Schulter wo du haust
ich trage dich gebohrt in meinen Körper
wie einen schönen Dolch
ich werde dich mit mir tragen bis zu meinem stillen Tod
damit ich dich dort
im gähnenden Nichts
wiederfinde
um zu lieben
unendlich zu lieben
dein Wesen das hier auf Erden diesen Namen trug

L a n d i s

Ernesto Cardenal: TAGESANBRUCH
(geboren 1925, Nicaragua)

Schon krähen die Hähne.
Schon krähte dein Hahn, Mutter Natalia,
schon krähte der deine, Vetter Justo.
Steht auf von euren Betten, euren Matten.
Mir scheint,
auch die Heulaffen erwachten schon am anderen Ufer.
Laßt uns die Herdfeuer blasen, schüttet die Nachttöpfe aus.
Bringt eine Öllampe, damit wir unsere Gesichter sehen.
Es bellte ein Hund auf einem Rancho,
und ein anderer antwortete ihm.
Es ist Zeit, das Feuer zu schüren, Mutter Juana.
Noch dunkler wurde die Nacht, doch darum, weil es Tag wird.
Steh auf, Chico, steh auf, Pancho.
Es gibt ein Füllen zu reiten,
es gibt ein Boot zu führen.
Die Träume trennten uns voneinander, auf unseren Strohsäcken
in unseren Betten und Hängematten
(jeder einzelne mit seinem Traum),
doch das Erwachen vereint uns.
Schon schwindet die Nacht,
und ihre Schemen und Nachtmahre folgen ihr.
Bald werden wir das Wasser sehr blau sehen
(jetzt sehen wir es nicht).
Und diese Erde mit ihren Obstbäumen,
die wir auch nicht sehen.
Steh auf, Pancho Nicaragua, nimm die Machete,
es gibt viel schlechtes Gras zu schneiden,
nimm die Machete und die Gitarre.
Es schrie eine Eule um Mitternacht und ein Uhu um eins.
Keinen Mond hatte die Nacht und keinen einzigen Stern.
Auf dieser Insel brüllten die Tiger,
und es antworteten die von der Küste.
Schon flog der Pocoyo davon, der ruft: Beschissen, Beschissen.
Bald singt der Zanate Clarinero auf der Palme,
singen wird er: Gefährtin, Gefährte.

Vor dem Licht flieht der Schatten wie ein Vampir.
Erhebt euch: du und du und du.
(Schon krähen die Hähne.)
Einen guten Tag gebe euch Gott.

(Übersetzung: Anneliese Schwarzer de Ruiz)

Pablo Antonio Cuadra: DAS INNERE ZWEIER BRENNENDER STERNE

(geboren 1912, Nicaragua)

(Für Mario Cajina-Vega)

Dem, der für die Freiheit kämpfte,
gab man einen Stern, ähnlich
dem der leuchtenden Mutter, die im Kindbett starb.
»War groß dein Schmerz?« fragte der Krieger.
»Nicht so groß wie die Freude,
der Welt einen neuen Menschen zu geben.«
»Und deine Wunde«, fragte die Mutter,
»war sie brennend und tief?«
»Nicht so tief wie die Freude,
dem Menschen eine neue Welt zu geben.«
»Und sahst du dein Kind?«
»Nie.«
»Und schmecktest du die Frucht deines Kampfes?«
»Ich starb.«
»Schläfst du?« fragte der Krieger.
»Ich träume«, sagte die Mutter.

Urne mit politischem Profil

Der Führer ist schweigsam
(ich male sein schweigendes Antlitz)

Der Führer ist mächtig
(ich male seine kräftige Hand)

Der Führer ist der Herr der bewaffneten Männer
(ich male die Totenköpfe der gefallenen Krieger)

(Übersetzung: Anneliese Schwarzer de Ruiz)

Ernesto Mejía Sanchez: DER FREMDE

(geboren 1923, Nicaragua)

Ich war unter den Meinen und die Meinen kannten mich nicht,
sie versuchten, mich auszulöschen, mich zu blenden,
sie wollten mir die vergängliche Liebe der Welt,
das treue und reiche Herz verweigern.
Familie: Ich hasse dich, wie den Spiegel,
der mich mißgestaltet oder getäuscht widerspiegelt.
Familie: Dein Glück besteht aus Schmeichelei und Schweigen,
Zartheit und Feigheit. Meine Seele schärft sich bei deiner
Berührung, konnte dich mit ihrem Licht nicht erreichen.
Ich lehnte mich mit meinem Leben gegen jede Tyrannei auf,
ich raubte mir eine Kreatur, so geliebt und unvollkommen wie die
Heimat.
Ich empfing sie düster und glanzlos,
aber ich werde sie an meiner Seele reiben,
damit sie glänze, um mich endlich so zu sehen wie ich bin:
Ich weiß, ich bin ein Bettler, in meinem dreißigsten Lebensjahr.
Würdig wie ein Bettler; arm, aber frei.

Beltrán Morales: DER 1. JANUAR

(geboren 1945, Nicaragua)

Langsam wird es Abend, mit einem zornigen
Himmel, violett, eine Farbe wie Blut.
Die Straßen sind voll von tausend

singender Menschen, die tausende
brennender Fackeln emporschwingen.
Es sieht so aus als wäre Revolution.
Aber es ist nur die jährliche Prozession
der katholischen Männer.

(Nach Ernesto Cardenal)

Beltrán Morales: MOTTO

Make love
and guerilla.

Beltrán Morales: KLEINES EVANGELIUM

Sie werden nicht ins Himmelreich eingehen,
diese Knechte, die foltern
Erwachsene wie Kinder,
ihnen einen feinen Faden
um die Hoden binden,
daß es sie schmerzt,
und sie dann tanzen lassen
wie Marionetten.

Raúl Orozco: DAS GEBET DES GUERILLEROS

(geboren 1946, Nicaragua)

Herr, hier bin ich
auf diesem Berg
– Du weißt es –
mit ein wenig Angst.
Mir ist kalt, sehr kalt;

und in diesem Schlamm
bis über die Knie
fühl ich mich erstarrt.
Ich bitte Dich,
mich zu begleiten
und meinen Arm immer zu stützen.
Sorge für meine Gefährten,
die jung sind – jünger als ich –,
denn es wäre nicht gut,
würden sie zuerst sterben.
Sorge dafür, daß uns Munition
und Waffen nicht fehlen,
denn unser Kampf ist Dein Kampf,
und sorge vor allem dafür,
daß uns der Anschlag
am heutigen Abend nicht mißlinge.

Raúl Orozco: DER TROST DES GEDICHTS

Das Gedicht ist eine weiße Fahne,
eine Feuerpause,
Das Gewehr ruht sich aus,
träumt,
hofft.

Das Gedicht über den Hunger,
das Gedicht über unser Unglück,
unser langes Gedicht ist eine Feuerpause.
Das Volk ruht sich aus,
träumt,
hofft.

Tage werden kommen,
an denen Gedicht und Gewehr
das nie gehörte Lied,
das Lied von Leben und Hoffnung,
anstimmen im Chor.

José Coronel Urtecho: IDYLLE IN VIER TRAUERGESÄNGEN
(geboren 1906, Nicaragua)

I

Von neuem. Ja. Von neuem
spüre ich, daß ich gehe, daß ich komme.

Im Zug, in den Zügen
spüre ich, daß du gehst, daß du kommst.

Sinnlos,
die Erde, das Meer,
den Polarstern
zu befragen.

Weder der Sand noch der Schaum, noch der Stern
werden von dir erzählen.

Aber ich werde auf dich warten.
Ich warte auf dich in den Ecken,
um zu sehen, ob du gehst, ob du siehst, ob du's errätst.

II

Ich liebe dich
im Dezember, im Januar,
ich liebe dich Tag für Tag, das ganze Jahr.

Ich liebe dich
unter Apfelsinenbäumen, Zitronenbäumen.

III

Es scheint schon so, daß du dich hingibst, dich überreichst.
Aber ich suche dich aufs Geratewohl, suche dich blindlings,
ich suche dich, wo du nicht bist, wohin du nicht kommst.

Deine Hände zittern vor Kälte in den meinen.
Wo ist dein Herz, wo meines?
In deiner Verlassenheit bist du ohnmächtig.
Was ist aus deinem Blut, deinem Leben geworden?

Du weißt nicht, willst nicht wissen,
wer ich bin, wer du bist.
Wach auf. Hör zu, hör zu, was ich sage.
Weit weg bist du, auch wenn du bei mir bist.

IV

Vergiß
mein Leben, dein Leben.

Schau, der neue Tag
ist der Zeitpunkt der Ablösung,
der militärischen Pflicht.

Zeiten des Krieges
und des Blutes werden die Erde,
die Luft und das Meer erfüllen.

Laß die verlorene Erinnerung
im Meer des Vergessens.
Laß die Erinnerung im Meer.

Schau, du bist geboren
nur für das Vergessen,
nur für das Weinen.

Vergessen und Weinen im Meer.

Ricardo Zarak: GEDICHT

(geboren 1947, Panama)

Es gibt kein Land
ohne Himmel,
Sonne,
ohne eine Wolke,
einen Stern.

Es gibt kein Land
ohne Flüsse,
Steine,
ohne einen kleinen Berg
oder irgendeinen Baum.

Es gibt kein Land,
das nicht für jede Sache
einen Namen hat.

Aber an einem Nachmittag wie diesem
gibt es Menschen ohne Land in ihren Händen,
ohne Himmel in ihrem Blick;
Menschen, die sterben,
ohne ein einziges Wort zu sagen.

Rubén Bareiro Saguier: GOTTESDIENST FÜR EINEN KONTINENT
(geboren 1930, Paraguay)

KYRIE

Herr, erbarme dich unser,
Herr, erbarme dich unser,
Herr, laß Gerechtigkeit auf Erden walten.
Christus, erbarme dich unser.
Nimm hinweg den Hunger, den Krieg,
die Verfolgungen,
Christus, erbarme dich unser.

GLORIA

Ehre sei Gott in der Höhe,
weil er auf der gequälten Welt
seine Herde beschützt,
die zahmen Schafe
und auch jene, die unter Schlägen und Hieben
zu Wölfen wurden.

Ehre sei Gott in der Höhe
und auf der Erde: Nimm hinweg die Sklaven,
die Kriege der Mächtigen.
Ehre dem Sohne Gottes,
der gelitten hat in den Menschen,
die nach Wahrheit dürstete.

Ehre sei Gott in der Höhe,
weil er seine Herde beschützt:
die Ausgebeuteten,
die Verfolgten
sind das Salz der Erde,
sie sind die Seligen.

CREDO

Ich glaube an Gott, der an den Menschen glaubt.
Ich glaube an Gott, der Mensch wurde,
um den Menschen zu Gott zu machen,
den er nach seinem Ebenbild schuf.
Er gab ihm die Freiheit,
er legte in seine Hand das Feuer,
um auf der Erde
seine Stätte des Friedens zu bereiten.

Ich glaube an Jesus Christus, seinen Sohn,
menschliche Spur Gottes,
der kämpfte und
in jedem gerechten Menschen weiterlebt,
der sich erhebt und fällt,
der fällt und sich erhebt,
um das Volk zu retten,
der für all seine Brüder
sein Blut vergoß.

Ich glaube an den Geist Gottes,
der in den Poren
der Seele keimt,
der in der Menschenmasse sich entfaltet,
der im leichten Wind ist
und der in den Sturmwinden wohnt,
die die Massen mitreißen,
Gerechtigkeit zu fordern.

Ich glaube an Jesus Christus, den Sohn,
den armen Caudillo,
sein Herzblut fließt noch immer
mit jedem Gerechten, der getötet wird.
Jeden Tag wird er aufs neue geboren,
erhebt sich aus dem Staube,
im Volke geht er auf,
heute ist er das ewige Leben.

Ich glaube an den Geist,
an sein Flüstern, seine Schreie;
sein Pochen im Wein
sein Knistern im Feuer,
kristallener Reif,
Pflug, Sohn des Schwertes,
die Freiheit des Menschen.
Es wird das gesamte Volk
ein neuer Christus sein
auf seinem unaufhaltsamen Weg
in eine offene Zukunft,
immer zum Sieg,
damit die Morgendämmerung komme,
das unaufhaltsame Volk,
das sein Blut vergoß
für alle seine Brüder.

SANCTUS

Heiliger Gott des Himmels und der Erden!
Wenn deine Ehre den Himmel erfüllt,
vergiß nicht die Erde,
Hosianna, den Himmel und die Erde.

Rette uns vor den Gefängnissen, vor der Hölle,
und vor Polizeikommissariaten, vor der Hölle,
schütze uns vor dem Feuer der Maschinengewehre,
rette uns vor den Teufeln.

Schütze uns vor Gefängnissen, vor der Hölle,
und vor Polizeikommissariaten, vor der Hölle,
vor korrupten und gekauften Präsidenten,
vor den Großmächten.
Gesegnet sind, die kommen in deinem Namen,
der Sohn, der das Volk erlösen wird
und seine gerechte Nachkommenschaft:
in ihnen werden wir uns wiedererkennen.

AGNUS DEI

Lamm Gottes, daß du hinwegnimmst das Übel,
laß nicht zu, daß sie uns hier mundtot machen,
daß sie uns hier foltern,
daß sie uns hier hungern lassen,
Lamm Gottes,
schneide ihnen die Feuerzungen ihrer Gewehre ab.

Lamm Gottes, daß du das Übel hinwegnimmst,
bestrafe den Obristen, der sein Volk bespuckt,
der es traurig stimmt,
der seinen Hunger nach Gerechtigkeit im Blut erstickt.
Lamm Gottes,
bring den Schlund ihrer Maschinengewehre zum Schweigen.

Lincoln Silva: VICTORIA

(geboren 1945, Paraguay)

Küß mich,
aber verliebe dich nicht in mich,
sondern nur in unsere Sache.
Die Welt wird uns gehören,
und wenn du willst,
kann ich dir meine Liebe
selbst zwischen Flammen beweisen.

Washington Delgado: REINE GEDANKEN
(geboren 1927, Peru)

Herr Aktionär, Herr Beamter,
Herr Großgrundbesitzer,
Herr Oberst,
der Mensch ist unsterblich:
Ihr seid sterblich.
Seltsam, wie manchmal
die Verwesung dem Kadaver vorauseilt.
Ertragt euren Gestank, zeigt ihn her,
wenn ihr wollt.
Macht bloß nicht euren Mund auf.
Meine Herren, zeigt euren Hintern,
aber bitte weint nicht.
Ein gewisser Anstand ist angebracht,
selbst noch unter Tieren.
Denkt an den Himmel,
an die weißen Flügel
und an die Harfenmusik,
die eure süßen Hände hervorlocken.
Denkt an eure Lieblingslektüre, an die
schmalbrüstigen und verlassenen Witwen, denen
ihr mit unnützen Geschenken zu helfen glaubt.
Denkt an eure Geldscheine, an die Sommerfrische
am Meer, an das blonde Kindermädchen, an den
dunkelhäutigen Liebhaber, an die Armen, die ihr im Jenseits
küssen werdet.
Denkt an alles,
eure Tage auf der Erde sind gezählt.

(Übersetzung: Kajo Niggestich)

Javier Héraud: DAS EHRENWORT DES GUERILLEROS
(1942–1963, Peru)

Weil meine Heimat schön ist
wie ein Schwert in der Luft
und jetzt größer und bald
noch größer,
spreche ich und verteidige
sie mit meinem Leben.

Mir ist es gleich, was die
Verräter sagen;
wir haben den Weg gesperrt
mit dicken Tränen
aus Stahl.

Der Himmel ist unser.

Unser das tägliche Brot,
wir haben gesäht und geerntet;
das Korn und das Land
sind unser,
und für immer
gehören uns
das Meer,
die Berge
und die Vögel.

I

Aber das liegt schon lange zurück;
es war im April (grausamer und weicher April),
als wir eines morgens
einverstanden waren.
Den Schluß werden alle kennen.
Ich langweile mich und schreibe das Gedicht nicht zu Ende.
Aber ich geh in den Kampf und in den Krieg

aus Liebe zu meinem Land, meiner Landschaft,
aus Liebe zu den Armen meines Landes,
aus Liebe zu meiner Mutter, ihrer Zärtlichkeit,
aus Liebe zu meinem Vater, seiner Strenge,
aus Liebe zu meinen Brüdern und Freunden,
aus Liebe zum Leben und zum Tod,
aus Liebe zu den alltäglichen Dingen,
aus Liebe zu den Herbsttagen,
aus Liebe zur Kälte des Winters.
Ich weiß nicht, was mit mir und meinen
Brüdern im Kampfe geschehen wird,
aber ich wußte zu leben und zu sterben
wie ein würdiger Mensch,
mit dem Willen, den zu achten und
zu retten, der alles erleidet;
mit dem Willen, neue, rettende Sonnen zu öffnen.
»Den Schluß der Geschichte werden meine
Kameraden erzählen,
oben, unten, über der Geschichte,
und sie werden meinen Kindern
wahre Geschichten erzählen,
und für immer wird die Hoffnung leben.«

Alberto Hidalgo: XXIX GEDICHT VON DER VOLLSTÄNDIGEN HEIMAT

(geboren 1897, Preu)

Die Stunde ist gekommen, das Licht zu verkünden,
das farbige, das man in der Finsternis hört,
rot muß es sein,
damit alle, die nicht sehen können, es hören.

Das heißt, daß wir das Land gerecht
verteilen müssen,
damit es allen dient,
als das Stück Licht für den, der es nicht kennt,

als der Schluck Wasser für den, der verdurstet,
gleich dem Glanz des Hauses für den Nomaden.

Wahnvorstellungen müssen eingerissen werden,
jeder Blinde soll seine Ration Augen haben,
eine Portion Fluß jeder Durst,
jede Kälte ihr Dach.

Eine Stadt, in der das Gute seinen Wohnsitz hat
und wo das Böse als Statue im Museum steht.
Unmöglich dort die Vorstellung, daß man die Pflicht vermietet
und den Wohlstand verkauft.

In den Straßen wird es Stellen geben,
wo man die Freiheit kostenlos zapfen kann.

Es wird keine Sonderzustellung fürs Brot geben;
der Briefträger bringt es morgens an die Tür
wie die Nachrichten eines zuverlässigen Freundes.

Kleider armer Leute wird es nicht mehr geben,
jeder kann sie sich machen lassen
nach dem Maße seines eigenen Wohlstands.

Man wird einen Hautarzt bestellen können,
der einen heile,
als wären es nur unerwartete Pickel
jener jähen und schlechten Absichten,
die plötzlich auf der Haut erscheinen.

Die gängigste Medizin der Apotheken richtet sich
gegen den Exzeß an Reichtum,
aber es gibt auch Medizin,
die Verstöße gegen das Gebot der Nächstenliebe heilt.

In der neuen Universität werden einige ihre Examen
als Rechtsanwälte der Vögel machen
und andere als Blumenärzte.

Es wird Krankenhäuser für Federn geben
und Sanatorien für Blütenblätter.

Es wird Hin- und Rückfahrten
für das Vergnügen geben,
für die Erholung,
Touristentickets bis in die Intimität anderer Personen,
aber
nur unter der Bedingung,
daß, wer ein Herz besucht,
sein eigenes mitbringt.

Die Güte wird von Hand zu Hand gereicht
wie eine starke Währung,
als die einzige notwendige Devise
unter Brüdern,
aber kurz vorher werden wir eine hygienische
Nekropolis errichten,
um in ihr den Dollar zu vergraben.

Regieren wird, wer kann,
nicht wer will.
Regieren wird, wer es fertigbringt,
den Willen des bunt-gemischten Volkes zu vereinen
nach dem Gesetz,
daß der, der befiehlt, der Befohlene ist.
Und noch etwas:
Es mußt die Stunde kommen, in der jedes Haus
Sitz der Regierung ist;
einmal erwachsen,
wird es Ausdruck und Form einzig des universellen
Empfindens sein.

(Übersetzung: Kajo Niggestich)

Edgardo Tello: TÜREN DER HOFFNUNG
(1942–1965, Peru)

VII

Die Nacht bringt aus dem Süden
einen eisigen Wind,
der in das Mark
der Knochen dringt.

Starr vor Kälte
können die Vögel
meine Augen nicht wecken.

An
mein Volk, an dich,
an die Tage denk ich,
die uns der Feind nimmt,
ich gehe fort und
kämpfe für Brot, Liebe und Freude.

XVII

Jemand fiel,
von Kugeln getroffen:
es war ein Dichter.

Beim ersten Aufruf
verließ er sein Haus;
er schrieb mit Blut
seine Liebe, die er in
Versen verteidigte.

Tödlich getroffen,
öffnete ihm die dunkelste Nacht
ihre Arme.

Tauben setzen sich
auf ewig
an die Seite seines Blutes.

An deiner Seite
werde ich eines Tages diese Verse beenden.

Von ihnen wirst du wissen
wie Menschen
mit starken Händen,
mit starkem Antlitz,
mit so weichem Herz

die Gleichheit, das Recht
und die Liebe erkämpften.

... Es werden Tage sein so schön
wie die Pfirsiche der Erntezeit.

XXIII

Du kennst
den Feind.

Anfangs
wird er sagen: »Sie leben nicht mehr,
sie sind gefallen.
Es wird keine Revolution geben,
alles ist vorbei.«

Danach werden sie sagen:
weil sie unsere Existenz nicht
verschweigen können,
wir seien hart,
wir würden sie nicht schonen,
wir hätten uns sehr verändert.

Aber nichts sei sicher.

Du weißt:
Die Tiefe unseres Hasses
umschließt in unendlichen Räumen
die wahrste Liebe.

César Vallejo: MASSE
(1892–1938, Peru)

Am Ende des Kampfes
und als der Kämpfer tot war, kam zu ihm ein Mensch
und sagte: »Stirb nicht, ich liebe dich so sehr!«
Aber der Leichnam, ach, starb weiter.

Es näherten sich ihm zwei und wiederholten:
»Verlaß uns nicht! Hab' Mut! Kehr ins Leben zurück!«
Aber der Leichnam, ach, starb weiter.

Es traten zu ihm zwanzig, hundert, tausend, fünfhunderttausend und riefen:
»Soviel Liebe, und man kann nichts gegen den Tod machen!«
Aber der Leichnam, ach, starb weiter.

Es umgaben ihn Millionen
mit einer gemeinsamen Bitte: »Bleib, Bruder!«
Aber der Leichnam, ach, starb weiter.

Schließlich umgaben ihn alle Menschen
der Erde; der Leichnam sah sie, traurig und gerührt;
er richtete sich langsam auf,
umarmte den ersten Menschen, er fing an zu gehen . . .

Roque Dalton: ERINNERUNGEN
(geboren 1935, El Salvador)

Die Zelle ist dunkel und still . . .
Ach, das Licht deiner Augen! Ach, deine Stimme!

Die Zelle ist feucht und kalt . . .
Ach, die Wärme deines Körpers zwischen den Bettdecken!

Die Zelle ist hart, verletzend . . .
Ach, deine Hände gleich einem Vogel und der Zärtlichkeit!

Die Zelle hat einen schlechten Geruch . . .
Ach, der Duft deiner Schritte in den Bergen!

Die Zelle ist einsam . . .
Ach, deine Umarmung!

Roque Dalton: ES IST EINE FRAGE DES HERZENS

Das Gefängnis
kann nur schmerzen.

Es ist das feuchte Grab
der einsamsten Tage;
der Haß gegen vier Wände
ohne Efeu,
in dem das Lächeln Wurzeln schlagen könnte;
es ist die grausame tote Hand,
die ihre vielen blauen Finger
durch die Poren einführt,
um uns ihren kalten Schmutz
bis an die Seele zu schieben;
es ist die Nacht aus Eisen,
die plötzlich über uns herfällt;
der Brunnen ohne Sterne,

wo man sogar das Vergessen vergißt,
wo die Ruhe
wie eine harte, verzweifelnde Trommel
dröhnt.

Aber selbst das Gefängnis
kann man noch
lieben,
wenn man
genügend
Herz hat . . .

Roque Dalton: SOLIDARITÄT

Du kannst nicht aus deiner Zelle heraus.
Dunkel
und stark sind die Gitter.

Aber verzweifle nicht, nein.
Du kannst nicht heraus;
doch zwischen der Kälte dieser Eisengitter
sickert dir in die Zelle alle Liebe der Welt hinein . . .

Mario Benedetti: BIS MORGEN
(geboren 1920, Uruguay)

Ich schließe die Augen mit leiser Stimme,
tastend versenke ich mich in den Traum.
In diesem Augenblick arbeitet der Haß nicht

für den Tod, der sein armer Chef ist,
der Wille stellt sein Schlagen ein,
und ich fühle mich weit weg, so klein,

daß ich Gott anrufe, aber ich bitte ihn
um nichts, solange er sich in diese
Welt nicht einmischt, die wir schlecht

und manchmal recht geschaffen haben.
Warum ist die geträumte Welt nicht die gleiche
wie diese vom Tod übersäte Welt?

Mein Alptraum ist immer der Optimismus:
Ich schlafe als Schwächling ein und träume, ich sei stark,
aber die Zukunft wartet. Sie ist ein Abgrund.

Sagt es mir nicht, wenn ich aufwache.

Selva Marquez: EIN LIEBESLIED (Auszug)
(geboren 1903, Uruguay)

Auch ich sänge gern
ein Liebeslied:
Hain der Strenge,
Taube des Abendmahles.

Auch ich ersehne die Morgenröte,
den leuchtenden Tag
des geduldigen Wartens,

Sanftheit des Augenblicks,
der erfüllten Liebe.

Aber es gibt in keiner Brust
ein Herz, das friedlich wäre.

Daniel Viglietti: DAS LIED VON PABLO

(geboren ?, Uruguay)

Kameradin,
sie werden kommen und nach mir fragen,
ob ich es war, wo ich bin,
ob du weißt, wohin dein Mann ging.
(Du hebst den Blick,
schaust, schweigst, du denkst:
Pablo marschiert durchs Land
seine Fahne hissend.
Seine Fahne ist die Fahne
des Getreides,
des Brotes und des Weins.
Auf seinem Weg wird er den Menschen
die Freiheit zeigen.)

Kameradin,
auf der Suche nach mir werden sie hierherkommen,
ein Bild, ein Brief,
irgendein Zeichen suchen, um auf meine Spur zu kommen.
(Du erinnerst dich an meine Hände,
du denkst nicht mehr, du träumst:
Pablo fuhr als Seemann
über ein Meer von jungem Blut,
mit seinem rebellischen Schicksal,
ohne Brot und ohne Wein,
marschiert er kämpfend.
Sein Guerillero-Herz
vergißt auf den Straßen die Einsamkeit.)

Kameradin,
sie werden kommen, um noch mal zu fragen,
ob du mich sahst, ob ich dir schreibe,
ob du weißt, wohin dein Mann ging.
(Du schaust ihnen in die Augen,
zärtlich denkst du:
Pablo ist ein Mann, der weiß,
daß das Leben sich ändert,
die Kameraden marschieren
mit ihm bis zur Morgenröte.
Und wenn man ihm Fesseln anlegt,
werden andere Arme sich frei bewegen.)

Pablos gibt es viele, und während sie
auf der Erde marschieren, singen sie
mit ihren Fahnen des Getreides,
des Brotes und des Weins und kämpfen.
Pablos gibt es viele, und während sie
auf der Erde marschieren, singen sie.

Biblische Texte zum Glaubensbekenntnis — weitergeschrieben in unsere Zeit:

Der Mensch in der Mache des Menschen

Da machte Gott der Herr den Menschen aus Erde
vom Acker und blies ihm den Odem
des Lebens in seine Nase. Und so
ward der Mensch ein lebendiges Wesen.
1. MOSE 2,7

Und Gott machte den Menschen aus winzigen Zellen,
aus flüchtigen Stoffen vergänglicher Materie.
Und er gab und erhielt ihm das Leben,
ließ sein Herz schlagen,
seine Organe und Nervensysteme zusammenspielen.
Und er beschenkte den Menschen mit der Fähigkeit,
zu denken und zu fühlen,
zu sprechen und zu träumen.
Und also ward der Mensch ein lebendiges Wesen,
sichtbar gewordene Liebe Gottes.

Der Mensch aber machte den Menschen
nach psychologischen und soziologischen Konzepten,
machte ihn aus künstlichem Eiweiß,
aus Kunststoff und Prothesen,
aus transplantierten Organen,
aus Keimzellen von Samenbanken.
Er machte den Menschen
aus Formeln und Abstraktionen,
aus Blut und Tränen,
aus Schall und Rauch.

Und er blies ihm ein faszinierende Ideologien,
fixe Ideen von Erziehung und Beruf,
von Ruhe und Ordnung,
von Revolution und Erlösung,
von Leistung und Vergnügen.
Und also ward der Mensch
eine funktionierende Maschine,
ein Rädchen im Kreislauf von Produktion und Konsum,
ein ersetzbares Teilchen,
ein anonymes Herdentier,
ein Widerspruch in sich selbst.

Autoren des ersten Teils

Elisabeth Alexander, geboren 1932 in Linz/Rhein, lebt in Heidelberg. Zahlreiche Veröffentlichungen in Anthologien und Einzelveröffentlichungen. »Ich bin kein Pferd, Lyrik«. »Die Frau, die lacht, Bürgerliche Texte«, beide et cetera-Verlag, u. a.

Oliver Behnssen, geboren 1925 in Breslau, lebt seit 1946 in München. Zahlreiche Veröffentlichungen in Zeitschriften und Anthologien.

Manfred Bosch, geboren 1947 in Bad Dürrheim, Studium der Soziologie, freier Autor, lebt in Grunertshofen bei München. Autor einer Managerliteraturanalyse, Herausgeber der Reihe RAITH-Literatur.

Josef Büscher, geboren 1918 in Oberhausen-Sterkrade, Bergbaubeflissener, Lehrhauer, seit 1973 pensioniert, Mitbegründer der Dortmunder Gruppe 61, Mitbegründer des Werkkreises Literatur der Arbeitswelt, lebt in Gelsenkirchen. Veröffentlichte Gedichte, Kurzgeschichten, Essays, Szenen für Theater.

Ingo Cesaro, geboren 1941 in Kronach, Verwaltungsleiter, lebt in Kronach. Veröffentlichte 1975 den Gedichtband »Verdauungsschwierigkeiten«, edition treves, Trier. Weitere Gedichtbände in Vorbereitung.

Ingeborg Drewitz, geboren 1923 in Berlin, Dr. phil., freie Schriftstellerin, Mitbegründerin des Verbandes deutscher Schriftsteller, PEN-Club-Mitglied, Lehrauftrag an der Freien Universität Berlin. Veröffentlichte Romane, Essays, Hörspiele, Kritiken. Neuester Roman: »Das Hochhaus«, 1975.

Burckhard Garbe, geboren 1941, Dr. phil., Akademischer Rat, lebt in Göttingen. Veröffentlichte u. a.: ansichtssachen, visuelle texte, 1973.

Martin Goldstein, geboren 1927 in Bielefeld, Dr. med., Familien- und Lebensberatung, Gruppentherapie, Psychotherapie, Erziehungs- und Eheberater (als freier Mitarbeiter) der Ev. Beratungsstelle Düsseldorf. Autor von »Lexikon der Sexualität«, 5. Auflage 76.

Josef M. Häußling, geboren 1923 in Lambrecht/Rheinpfalz. Studium der Psychologie, Philosophie, Kunstgeschichte, Germanistik und Sozialethik, seit 1973 Professur an der Gesamthochschule Wuppertal für Rechtswissenschaft, Rechts- und Sozialphilosophie, mitverantwortlich am Lehrstuhl für Soziologie abweichenden Verhaltens für Fortentwicklung und Ausbau des sozialwissenschaftlichen Studiengangs »Straffälligenpädagogik-Delinquenzprophylaxe-Rehabilitation«. Verschiedene Veröffentlichungen.

Hans-Günter Heimbrock, geboren 1948 in Bochum, Lehramtsstudium in Duisburg, Schuldienst, 1976 Promotion zum Dr. päd., seit 1976 Wissenschaftlicher Assistent der Pädagogischen Hochschule Rheinland, Abt. Neuß.

Hajo Jahn, geboren 1941 in Berlin, Volksschule in der DDR und in der Bundesrepublik, Chemielaborantenlehre, Gedingeschlepper im Bergbau, seit 1959 Volontär, später Redakteur und Reporter beim Westdeutschen Rundfunk (WDR), seit 1970 Leiter des Bergischen Studios des WDR, Wuppertal.

Hugo Kükelhaus, geboren 1909 in Essen, nach Abitur Tischlerlehre mit Meisterprüfung, Studium der Medizin, funktionale Anatomie, Sinnesphysiologie, Mathematik und Soziologie; zeitlebens freiberuflicher Architekt, Entwerfer, Grafiker, Maler und Plastiker, lebt in Soest/Westfalen. Veröffentlichungen: »Japanische Holzbautechnik«, »Urzahl und Gebärde«, »Das Wort des Johannes«, »Die Phantasie des Leibes«, »Unmenschliche Architektur«, »Fassen, Fühlen, Bilden« u. a.

Kurt Küther, geboren 1929 in Stettin, lebt als Bergmann in Bottrop. Veröffentlichte Gedichte in Zeitschriften, Zeitungen und Anthologien. »Ein Direktor geht vorbei«, Gedichte eines Bergmanns, 1973.

Dieter Lamping, geboren 1954. Studium der Literaturwissenschaften und katholischen Theologie. Lebt in Wuppertal.

Antje Lange, geboren 1941 in Danzig, Mitarbeiterin im Institut für deutsche Sprache, Abt. Linguistische Datenverarbeitung, lebt in Schildgen.

Carola Lepping, geboren in Wuppertal-Elberfeld, Studium an der Pädagogischen Akademie Dortmund, Schulstelle Hauptschule Hückeswagen und Leiterin der dortigen Stadtbücherei. 1955 Charles Veillon, Intern. Literaturpreis für den deutschsprachigen Roman, Zürich. Veröffentlichte Romane und Erzählungen.

Helmut Lotz, geboren 1955. Buchhändler, zur Zeit Zivildienst in einem Altersheim, lebt in Wuppertal.

Kurt Marti, geboren 1921 in Bern/Schweiz, lebt als Gemeindepfarrer und Schriftsteller in Bern. Veröffentlichte seit 1958 Gedichte und Erzählungen, u. a. »gedicht ir bärner umgangs schprach«, Roman »Die Riesendame«, 1975.

Jo Micovich, geboren 1926 in Wuppertal, Schauspielerin, lebt als Puppenspielerin und Schriftstellerin in Wuppertal.

Jusuf Naoum, geboren 1941 in Tripolis El Miana/Libanon, 1964–1965 Hotelfachschule in München, 1966–1972 als Kellner in Berlin, seit 1971 Mitglied im Werkkreis Literatur der Arbeitswelt, Berlin. Veröffentlichte Erzählungen und Gedichte.

Rupert Schützbach, geboren 1933 in Hals bei Passau, lebt als Zollbeamter in Passau, Mitglied der Regensburger Schriftstellergruppe und der Literarischen Union, Saarbrükken. Lyrik und kurze Prosa in Zeitungen, Zeitschriften, Rundfunk und Anthologien. Veröffentlichungen u. a. »Marktbericht«, »Nach Judas kräht kein Hahn«.

Peter Schumann, geboren 1946 in Berlin, freier Schriftsteller und Maler. Veröffentlichungen u. a. »Reisebilder. Gedichte von Ossip Ottersleben«; »Kreatives Literaturlexikon, herausgegeben und gestaltet«.

HERAUSGEBER UND REDAKTION:

Kajo Niggestich, geboren 1941, studierte Romanistik und Lateinamerikanistik in Deutschland, Frankreich, Spanien und Argentinien; reiste von 1971–1973 durch Lateinamerika, war Stipendiat der Friedrich-Ebert-Stiftung, arbeitet jetzt als Dozent für das Goethe-Institut. Publikationen: »Metaphorik und Polarität im Weltbild Jorge Luis Borges«, Stuttgart 1976; als Herausgeber »Städte in Lateinamerika«, Wuppertal 1976.

Hermann Schulz, geboren 1938 in Nkalinzi/Ost-Afrika, lebt als Verlagsleiter in Wuppertal.

Adam Weyer, Prof. Dr., geboren 1928 in Krefeld, Ordentlicher Professor für Evangelische Theologie und ihre Didaktik an der Gesamthochschule Duisburg. Letzte Veröffentlichung als Herausgeber: »Die Grenzen der Resignation«, gemeinsam mit Robert Jungk, Wuppertal 1976.

Autoren/Quellen des zweiten Teils

ARGENTINIEN

Juan Gelman (1930). War Lastwagenfahrer, Angestellter, Übersetzer und arbeitet z. Z. als Journalist. Er gehört zu den bedeutendsten Vertretern der *poesía conversacional* in Argentinien.
Veröffentlichungen: (1956) »Violín y otras cuestiones«, (1959) »El juego en que andamos«, (1961) »Velorio del solo«, (1962) »Gotán«, (1971) »Colera Buey«, (1971) »Fábulas«. Abgedruckte Gedichte aus »Velorio del solo«.

Raúl Gonzalez Tuñón (1905). Hat als Journalist gearbeitet; nahm am spanischen Bürgerkrieg teil; bereiste die UdSSR und China. Hat in den wichtigsten literarischen Zeitschriften der literarischen Avantgarde um 1925 (»Proa«, »Martín Fierro«) mitgearbeitet; stand der sozialkritischen Literaturströmung Boedo nahe. Die von ihm kreierte Figur des Juancito Caminador, des mit offenen Augen herumziehenden und mitfühlenden Dichters, ist François Villon nachempfunden.
Veröffentlichungen: (1926) »El violín del diablo«, (1928) »Miércoles de ceniza«, (1930) »La calle del agujero en la media«, (1934) »Poemas de Juancito Caminador«, (1936) »La rosa blindada«.

Guillermo B. Harispe (1932). Gehörte zur Gruppe um die Zeitschrift »El pan duro«.
Veröffentlichungen: (1961) »Trinchera del asombro«.

Mario Trejo (1926). Gehört zur Avantgarde des politischen Gedichts in Argentinien. Er erhielt 1964 den Poesie-Preis der »Casa de las Américas«. Vertritt die *poesía en acción.* Schreibt außerdem Theater (»No hay piedad para Hamlet«, Buenos Aires 1960). Zusammen mit Alberto Vanasco veröffentlichte er 1967 »Libertad y otras intoxicaciones«.
Veröffentlichungen: (1946) »Celdas de la sangre«, (1964) »El uso de la palabra«. Das Gedicht »Die Zeit und ihre Anhänger« aus der letztgenannten Sammlung.

Alfredo Vairavé (1928). Ist Literaturprofessor an der Universität des Chaco in Resistencia. Schreibt engagierte Erlebnislyrik.
Veröffentlichungen: (1951) »El río y tu presencia«, (1960) »El ángel y las redes«, (1965) »Destrucciones y un jardín de la memoria«, (1972) »El imperio milenario«. Das hier abgedruckte Gedicht steht in der 1972 erschienenen Sammlung.

Alberto Vanasco (1925). Ist Professor für Physik und Mathematik. Er hat Gedichte, Romane und Kurzgeschichten geschrieben. In seinen Gedichten verwendet er einen kolloquialen Ton.
Veröffentlichungen: (1945) »24 sonetos absolutos y dos intrascendencias«, (1957) »Ella en general«, (1962) »Canto rodado«. Prosa: (1948) »Y sin embargo Juan vivía«, (1957) »Para ellos la eternidad«, (1964) »Los muchos que no viven«. Gedicht XXVIII aus der Zeitschrift Latinoamerica I, 2 (1973).

Rubén Vela (1928). Archäologe und Diplomat. Hat an der Restaurierung der präkolumbianischen Ruinen von Tiwanaku teilgenommen. Seine Gedichte wurden in Deutschland, England und Frankreich veröffentlicht. Außerdem schrieb er Theater. Seine Version des »Ollantay« von Ricardo Rojas wurde im Theater »Sarah Bernard« in Paris, im »Palais des Beaux Arts« in Bruxelles und im »Español« in Madrid aufgeführt. Er gehört zur Gruppe um die Zeitschrift »Poesía Buenos Aires«.

Veröffentlichungen: (1960) »Poemas indianos«, (1963) »Poemas americanos«, (1966) »Poemas australes«, (1969) »Los secretos«.

Atahualpa Yupanqui. Pseudonym von Héctor Roberto Chavero. Dichter, Erzähler und Sänger. In seinen Liedern macht er sich zum Anwalt der Armen und Rechtlosen. »El payador perseguido«.

Veröffentlichungen: (1941) »Piedra sola«, (1946) »Cerro Bayo«, (1947) »Aires indios«, ( ) »El payador perseguido«.

BOLIVIEN

Edgar Avila Echazú (1930). Maler, Dichter und Literaturkritiker. War Professor an der Universität Juan Misael Saracho. Hat literarische und soziologische Artikel in verschiedenen Zeitschriften Lateinamerikas und Europas veröffentlicht.

Veröffentlichungen: (1963) »Revolución y cultura en Bolivia«, (1965) »Habitante fugitivo«, (1967) »Memoria de la tierra«, (1968) »En cautivos sueños encarcelado«.

Benjo Cruz (–1967). Protestsänger, der die Nöte seines Vaterlandes besungen hat. Er hat in La Plata (Argentinien) studiert und trat in volkstümlichen Peñas auf, um seine provozierenden Lieder vorzutragen. Er kämpfte in der von christlichen Studenten initiierten Guerrilla von Teoponte und fiel bei einer seiner Aktionen. Eine seiner zwei erhaltenen Langspielplatten heißt »Grito del pueblo«, Schrei des Volkes.

Pedro Shimose Kawamura (1940). Ist der Sohn japanischer Einwanderer, die sich im Departamento Beni, der bolivianischen Urwaldregion, ansiedelten. Gehört zu der jungen Generation bolivianischer Schriftsteller, die nach Präsident Torres' Sturz ihr Land verlassen mußten. Lebt jetzt in Madrid. Wurde 1972 mit dem Poesie-Preis der »Casa de las Americas« ausgezeichnet.

Veröffentlichungen: (1961) »Triludio en el exilio«, (1967) »Sardonia«, (1968) »Poemas para un pueblo«, (1972) »Quiero escribir pero me sale espuma«. Aus dieser Sammlung entnehme ich das Gedicht »So still«.

BRASILIEN

João Cabral de Melo Neto (1920). Stammt aus Recife, einer Stadt im armen Nordosten Brasiliens. Er vertrat sein Land diplomatisch in England, der Schweiz, Spanien und Frankreich; gegenwärtig ist er Botschafter in Dakar/Senegal. Seit 1968 ist er Mitglied der Academia Brasileira de Letras. Cabral de Melo Neto gilt als der wichtigste Vertreter der Generation von 1945.

Veröffentlichungen: (1947) »Psicologia da Composição«, (1950) »O Cao Sem Plumas« (dt. »Der Hund ohne Federn«, 1969 und 1970), (1953) »O Rio«, (1956) »Morte e Vida Severina« (dt. »Tod und Leben des Severino«, 1975). Diesem lyrischen Drama entnehme ich den hier abgedruckten Text.

Thiago de Mello (1926). Sein Geburtsort liegt am Amazonas. Begann ein Medizinstudium und arbeitete als Zeitungsreporter. Ab 1958 war er zunächst Kulturattaché seines Landes in Bolivien und später in Chile. Nach dem Militärputsch von Castello Branco verlor er seinen Posten und arbeitete als Direktor der Artes Gráficas im Brasileña-Verlag. Von der Polizei seines Landes verfolgt, flieht er nach Chile und arbeitet in der Unidad Popular mit. Nach dem Militärputsch vom September 1973 in Chile flieht er nach Argentinien und später in die Bundesrepublik.

Veröffentlichungen: (1951) »Silencio e palavra«, (1961) »Vento Geral«, (1965) »Faz escuro mas eu canto«, (1967) »A canção do amor armado« (dt. »Gesang der bewaffneten Liebe«, 1976). Der Text wurde dieser Sammlung entnommen.

Claudio Murillo. Er gehört zu den jungen brasilianischen Dichtern, die gegen die sozialen Mißstände in ihrem Land rebellieren und die weitgehend in der Anonymität leben. Sein Gedicht entnehme ich der Zeitschrift »Crisis« (Buenos Aires), Nr. 6 (1973), S. 30.

José de Oliveira Falcon (1940). Kommt aus dem Nordosten Brasiliens und gehört wie Claudio Murillo zur jungen zornigen Generation Brasiliens.

Veröffentlichungen: »Canudos: Guerra santa en el ›sertão‹«.

COSTA RICA

Alfonso Chase (1945). Ist einer der bedeutendsten Dichter und Kritiker Zentroamerikas. Arbeitet in der Redaktion der Zeitschrift »Repertorio«. Ist Professor an der Universität von San José und gibt jetzt die literarische Zeitschrift »Imagina« heraus.

Veröffentlichungen: (1968) »Los juegos furtivos«, »Los reinos de mi mundo«, (1974) »Las puertas de la noche«, (1975) »Mirar con inocencia«. 1975 gab er eine umfangreiche Anthologie costaricanischer Erzählungen heraus.

Jorge Debravo (1938–1967). Gehörte zur Gruppe »Círculo de Poetas«. Starb bei einem tragischen Motorradunfall, als er, verspätet, zu einer Dichterlesung fuhr.

Veröffentlichungen: (1959) »Milagro abierto«, (1961) »Consejos para Cristo«, (1963) »Devocionario del amor sexual«, (1965) »Digo«, (1966) »Nosotros los hombres«, (1967) »Canciones cotidianas«.

CHILE

Victor Jara (1938–1973). Chilenischer Protestsänger und Komponist des berühmten »Venceremos« (»Wir werden siegen«). War Professor und Theaterkritiker. Gehörte zur Musikgruppe »Cuncumén«. Jara wurde nach dem Putsch vom 11. September 1973 in das Nationalstadion von Santiago gebracht. Er mußte unter dem Spott des Militärs sein Lied »Venceremos« zur Gitarre singen, dann brach man ihm die Handgelenke und tötete ihn durch Genickschuß. Seine Poesie der Anklage wird vor allem durch seine Lieder weiterleben.

Hernán Lavín Cerda (1939). Ist Literaturkritiker und Dichter. Hat vor allem Lateinamerika bereist. War Leiter der Kulturabteilung der Zeitschrift »Punto Final«. Gehört jetzt zum Redaktionskomitee der Zeitschrift »Casa de las Americas« in La Habanna.

Veröffentlichungen: (1966) »Neuropoemas«, (1967) »Cambiar de religión«, (1971) »La conspiración «, (1971) »La crujidera de la viuda«. Die hier abgedruckten Gedichte, die sich der Gebetsform bedienen, entnehme ich der Sammlung »La conspiración« (»Die Verschwörung«).

Pablo Neruda (1904–1973). War vor allem Lyriker und dann Diplomat und Politiker seines Landes. Unter Allende war er Botschafter in Frankreich. 1971 erhielt er den Nobelpreis für Literatur. Nach seinem Tod wurde sein Haus von Soldaten der Militärjunta geplündert. Sein Tagebuch konnte gerettet werden und ist inzwischen auch in deutscher Übersetzung erschienen, wie die meisten seiner Werke. Neruda war für viele Dichtergenerationen in Lateinamerika das unübertroffene Vorbild. Sein Einfluß läßt sich in vielen Gedichten dieser Anthologie nachweisen.

Veröffentlichungen: (1953) »Der große Gesang«, (1955) »Die Trauben und der Wind«, (1956) »Spanien im Herzen«, (1960) »Aufenthalt auf Erden«, (1961) »Elementare Oden«, (1967) »Dichtungen 1919–1965«. Der Text wurde dem »Lesebuch Dritte Welt« (Hammer 1974) entnommen.

Nicanor Parra (1914). Parra gilt in Lateinamerika als der Hauptvertreter der Anti-Poesie. Studierte Mathematik und Physik, von 1943–1945 studierte er an der Brown University auf Rhode Island. In Oxford war er Schüler von E. A. Milner. 1963 hielt er sich in der UdSSR und in China auf, 1965 ist er in Kuba. War zuletzt Professor für Mechanik in Santiago.

Veröffentlichungen: Mit Ausnahme seiner »Artefactos« hat er sein lyrisches Werk 1969 unter dem Titel »Obra gruesa« zusammengefaßt. (1937) »Cancionero sin nombre«, (1954) »Poemas y antipoemas«, (1958) »La cueca larga«, (1962) »Versos de salón«, (1967) »Canciones rusas«, (1969) »Artefactos«. Eine Auswahl seiner Gedichte liegt in dt. Übersetzung vor. (1975) »Und Chile ist eine Wüste. Poesie und Antipoesie«.

Violetta Parra (1917–1967). Ist eine Schwester Nicanor Parras. Sie begann ihre Karriere zunächst als Sängerin in Bars und Kabaretts. 1953–1954 findet sie ihren in ganz Lateinamerika unverkennbaren Stil. Sie wird von Pablo Neruda entdeckt. Schnell steigt sie zu nationalem Ruhm und Ehren auf. 1955 nimmt sie an einem Jugendfestival in Polen teil und besingt ihre erste Schallplatte in der berühmten Reihe »Chants du Monde« des »Musée de l'Homme«. Neben ihrer Musik sind ihre Teppiche, Keramiken und Bilder bekanntgeworden. 1964 gründete sie die »Peña folclórica« in Santiago, wo sie zusammen mit ihrer Tochter Isabél und ihrem Sohn Ángel auftrat. Am 5. Februar 1967 begeht sie Selbstmord. Ihre Poesie wurde unter dem Titel »Décimas« (Santiago, Universidad Católica 1970) veröffentlicht.

DOMINIKANISCHE REPUBLIK

Máximo Avilés Blonda (1931). Studierte Jura an der Universität von Santo Domingo. Ist Direktor der dramaturgischen Abteilung an der gleichen Universität. Schrieb progressives Theater und engagierte Gedichte. Gehört in seinem Lande zur literarischen Generation von 1948.

Veröffentlichungen: (1957) »Trio«, (1962) »Centro del Mundo«, (1970) »Cantos a Hélena«. Theater: (1959) »Las Manos Vacias«, (1963) »La otra estrella en el cielo«, (1966) »Yo, Bertold Brecht«, (1969) »Pirámide«.

Lupo Hernández Rueda (1930). Studierte in Santo Domingo Jura. War Mitherausgeber der literarischen Zeitschrift »Testimonio«.
Veröffentlichungen: »Santo Domingo Vertical«, »Muerte y Memoria«, (1965) »Crónica del Sur«. Aus der letzten Sammlung stammt das hier abgedruckte Gedicht.

José Ulises Rutinell (1943). War Professor an der Universidad Autónoma de Santo Domingo. Ist Rechtsanwalt und Mitbegründer der Gruppe »La Isla«.
Veröffentlichungen: (1967) »Poemas de sangre«, »Los enemigos« (bisher unveröffentlicht).

ECUADOR

Eugenio Moreno Heredia (1925). Ist Jurist und Rektor eines Gymnasiums. Gründete den literarischen Zirkel »Madrugada«.
Veröffentlichungen: (1960) »Poemas de la paz«, (1968) »Ecuador, Padre Nuestro«.

GUATEMALA

Julio Fausto Aguilera (1929). Nach dem Sturz des Präsidenten Ubico 1944 erlebt Guatemala die Oktoberrevolution. Aguilera gehörte zunächst zu der Gruppe »Saker-Ti« (Morgendämmerung), die die Ziele der Revolution unterstützte. Später ist er Gründungsmitglied der Gruppe »Nuevo Signo« (1968). Diese Gruppe um L. A. Arango, F. Morales Santos, J. L. Villatoro und R. Obregón tritt unerschrocken für die Ideale eines gerechten und befreiten Guatemala ein.
Veröffentlichungen: (1960) »Canto y Mensaje«, (1964) »Diez poemas fieles«, (1967) »Poemas fidedignos«, (1969) »Poemas guatemaltecos«.

Miguel Angel Asturias (1899–1974). Neben seiner Prosa und seinen Romanen, von denen die wichtigsten übersetzt wurden (1960 »Legenden aus Guatemala«, 1957 »Der Herr Präsident«, 1956 »Die Maismänner«, 1964 »Eine gewisse Mulattin«, 1968 »Der grüne Papst«, u. a.), liegt auch ein Teil seiner Gedichte in Übersetzung vor, hrsg. von Günter W. Lorenz, »M. A. Asturias – Portrait und Poesie«.
Asturias hat viele Jahre unter der Diktatur J. Ubicos gelitten. Unter J. J. Arévalo hat er sein Land diplomatisch in Méxiko vertreten. Nach dem Sturz von Arbenz folgten 12 Jahre Exil. 1966 erhält er den Lenin-Friedenspreis, 1967 den Nobelpreis. Der magische Realismus seiner Prosa hat die junge Generation von Erzählern in Lateinamerika stark beeinflußt.
Veröffentlichungen: (Poesie): (1948) »Sien de alondra«, (1952) »Alto es el Sur«, (1955) »Bolívar«, (1965) »Sonetos de Italia«, (1965) »Clariviglia primaveral«.

Otto René Castillo (1936–1967). Castillo war einer der hoffnungsvollsten Dichter und Essayisten Guatemalas, bevor er 1967 vom guatemaltekischen Regime umgebracht und sein Körper verbrannt wurde. Er studierte Philosophie und Literatur in Leipzig. Erhielt 1955, zusammen mit dem Salvadorianer Roque Dalton, den Zentroamerikanischen Poesie-Preis. Gleichzeitig war er einer der bekanntesten Studentenführer seines Landes.
Veröffentlichungen: (1964) »Tecún Umán«, (1965) »Vámonos Patria a caminar«.

Marco Antonio Flores (1937). Dichter. Essayist und Schriftsteller. War lange Zeit Mitherausgeber der hervorragenden Zeitschrift ALERO. Für seine Gedichtsammlung »Muros sin luz« erhielt er 1967 den Zentroamerikanischen Poesie-Preis in El Salvador. Leiter der Jury war Ernesto Cardenal.

Veröffentlichungen: (1964) »Laz voz acumulada«, (1968) »Muros sin luz«.

Otto Raúl González (1921). Ist Gründungsmitglied der Zeitschrift und gleichnamigen Gruppe »Acento«. Hat von 1944–1954 aktiv an den Reformen der revolutionären Regierungen in Guatemala mitgearbeitet. Lebt seit dem Sturz des Präsidenten Arbénz im Exil in Mexiko.

Veröffentlichungen: (1943) »Voz y voto del geranio«, (1946) »A fuego lento«, (1953) »Viento claro«, (1955) »El bosque«, (1960) »El hombre en la luna«, (1964) »Cuchillo de caza«, (1967) »Diez colores nuevos«, (1970) »Oratorio de maíz«. In der letzten Sammlung steht das hier abgedruckte Gedicht.

Arqueles Morales (1936). Wie René Otto Castillo mußte Morales mit 17 Jahren Guatemala verlassen und ins Exil gehen. Gehörte zur Gruppe des »Saker-Ti« (Morgendämmerung). Seine Lyrik ist stark von P. Neruda beeinflußt worden.

Veröffentlichungen: (1965) »La paz aún no ganada«.

Roberto Obregón (1940–1971). Wurde 1971 bei einem Grenzübertritt von El Salvador nach Guatemala an der Grenze verhaftet und ermordet. Er lebte viele Jahre in Europa und gehörte zur Gruppe NUEVO SIGNO (1968). In seiner Poesie finden sich starke indigenistische Elemente, beeinflußt vor allem durch M. A. Asturias.

Veröffentlichungen: (1961) »Poemas para comenzar la vida«, (1965) »El aprendiz de profeta«, (1966) »La flauta de ágata«, (1969) »El fuego perdido«, (1967) »Ensayos«.

José Luis Villatoro (1932). Wurde durch sein Gedicht »Pedro a secas« bekannt. Villatoro gehörte, wie Obregón, zur Gruppe NUEVO SIGNO.

Veröffentlichungen: (1968) »Pedro a secas«, (1970) »Cantar ahora«, (1972) »La canción registrada«.

Carlos Gipfel y García (1937). Ist mit Manuel José Arce Leiter der Gruppe »AMOR-AMOIRA«, die vom europäischen Existentialismus beeinflußt wurde. Er gibt heute die Kollektion der »Poesía mimeografiada« des CAFÉ LITERARIO in Guatemala City heraus.

Veröffentlichungen: (1956) »Canto de amor para la antigua Guatemala«, (1956) »Poesía sin motivo«, (1958) »Elegia en junio«, (1966) »Sobre los huertos del día«, (1969) »Cantares del peregrino«, (1970) »Radiografía y disección«. Das hier veröffentlichte Gedicht steht in der letzten Sammlung.

HAITI

René Depestre (1926). Journalist, Erzähler und Dichter. Er hat mit seinem Freund Theodor Baker die Tageszeitung »La colmena« gegründet, die sich gegen die neokolonialistischen Einflüsse der USA in seinem Land richtet. Lebte in Frankreich, Jugoslawien, der CSSR, Argentinien und Brasilien. Er kämpfte mit den Kubanern gegen die Invasoren in der Schweinebucht 1961 und lebt seitdem in Kuba im Exil.

Veröffentlichungen: (1945) »Chispas«, »Mineral negro«, »Un arcoiris para el occidente cristiano«.

HONDURAS

Roberto Sosa (1930). Sosa ist Journalist, Literaturkritiker und Dichter. Er gibt in Tegucigalpa die Zeitschrift PRESENTES heraus. Seine Poesie ähnelt in ihrer überzeugenden Menschlichkeit und einfachen Sprache der Dichtung Vallejos.

Veröffentlichungen: (1959) »Caligramas«, (1966) »Muros«, (1967) »Mar interior«, (1969) »Los pobres«, (1971) »Un mundo para todos dividido«. »Los Pobres« erhielt 1968 den Adonais-Preis in Madrid, während »Un mundo para todos dividido« 1971 mit dem Poesie-Preis der »Casa de las Américas« ausgezeichnet wurde.

Angela Vaalle. Über sie war leider keine Information zu erhalten. Ihre Gedichte finden sich verstreut in zentroamerikanischen Literaturzeitschriften. Ihre Gedichte entnehme ich der Zeitschrift REPERTORIO (San José, ohne Jahr), S. 46.

KOLUMBIEN

Gonzalo Arango (1932). Erzähler, Dichter, Essayist und Theaterautor. Er gehörte zu den Mitbegründern des »Nadaismus«, einer kulturellen Strömung, die über die Grenzen der Literatur hinaus gegen überlieferte Traditionen anstürmte.

Veröffentlichungen: (1968) »El oso y el colibri« (Lyrik), (1963) »Sexo y saxofón«, (1964) »Prosas para leer en la silla eléctrica« (Erzählungen), (1960) »Nada bajo el cielo raso« u. a. (Theater).

Ramiro Lagos. Hat in Salamanca und Bogotá studiert. War Angestellter des Kolumbianischen Erziehungsministeriums und der UNESCO. Seit 1961 ist er Professor für lateinamerikanische Literatur an der Universität Notre Dame in den USA. Ist stark von Miguel Angel Asturias beeinflußt worden.

Veröffentlichungen: (1952) »Canción entre Roca y Nube«, (1954) »Briznas de una canción rota«, (1958) »Sinfonía del corazón distante«, (1964) »Testimonio de las horas grises«. Dem zuletzt genannten Band ist das Gedicht »Glaubensbekenntnis« entnommen.

KUBA

Pablo Armando Fernández (1930). Hat lange in New York gelebt. Nach der Revolution kam er nach Kuba zurück. Vertrat sein Land als Kulturattaché in England und bei der UNESCO.

Veröffentlichungen: (1953) »Salterio y lamentación«, (1955) »Nuevos poemas«, (1961) »Toda la poesía«, (1962) »Himnos«, (1963) »Libros de los héroes«, (1968) »Los niños se despiden« (Prosa).

Roberto Fernández Retamar (1930). Lyriker, Essayist und Kritiker. Er ist Professor an der Universität von La Habanna und Herausgeber der Zeitschrift »Casa de las Américas«. Gilt in seinem Land als einer der hervorragendsten Vertreter der *poesía conversacional.*

Veröffentlichungen: (1950) »Elegía como un himno«, (1955) »Patrias«, (1959) »Vuelta de la natigua esperanza«, (1958–1962) »Sí a la revolución«, (1970) »Cuaderno paralelo«, (1974) »Circunstancia de poesía«; Essays: (1954) »La poesía contemporánea en Cuba«, (1967) »Ensayo del otro mundo«, (1973) »Calibán – apuntes sobre la cultura de nuestra América«.

Nicolás Guillén (1902). Guillén beginnt als Modernist, nimmt in den zwanziger Jahren an der Avantgarde in La Habana teil. Nach mehreren Jahren des Schweigens findet er 1930 mit den »Motivos de son« seine eigene Sprache. Er ist der bedeutendste Vertreter der »poesía negra« oder besser der »poesía mulata«, wie er sie nennt. Er hat dem ausgebeuteten Negern Kubas eine Sprache gegeben. Er war lange Zeit Präsident des kubanischen Schriftstellerverbandes.

Veöffentlichungen: (1931) »Sóngoro Cosongo«, (1934) »West Indies Ltd«, (1937) »España«, (1964) »Tengo«, (1964) »Poemas de amor«, (1967) »El gran zoo«. Seine gesamte Poesie ist in der »Anthología mayor« (Mexiko 1972) zusammengefaßt worden. Viele seiner Gedichte liegen in deutscher Übersetzung vor.

Heberto Padilla (1932). Ging 1949 in die USA. War Professor für Spanisch an der Berlitz-Schule von New York; später Mitarbeiter der Zeitschrift »Revolución«. 1960 Korrespondent von »Prensa Latina« in London und 1962 in Moskau. Gehört zusammen mit R. Fernández Retamar, P. A. Fernández und F. Jamis zu den kreativsten kubanischen Lyrikern der Gegenwart. Wegen seiner politischen Haltung wurde Padilla Gegenstand einer unter lateinamerikanischen Schriftstellern erbittert geführten Diskussion über das politische Engagement des Schriftstellers in einer postrevolutionären Gesellschaft. Der »caso Padilla« kann nachgelesen werden in: Libre I, 1 (1971), 95–155.

Veröffentlichungen: (1948) »Las rosas audaces«, (1962) »El justo tiempo humano«, (1964) »La hora«, (1969) »Fuera del juego«.

MEXIKO

Efraín Huerta (1914). Journalist und Lyriker. Gehört zur Generation des TALLER (1938–1941). Seine Poesie ist Protest, in der revolutionärer Zorn sich mit dem Gefühl der Nächstenliebe verbindet.

Veröffentlichungen: (1935) »Absoluto amor«, (1936) »Línea del alba«, (1944), »Los hombres del alba«, (1956) »Estrella en alto«, (1962) »La raíz amarga«, (1968) »Poesía 1935–1968«.

Sergio Mondragón (1936). War Mitherausgeber der Zeitschrift »El Corno Emplumado«, die zu einem Treffpunkt nordamerikanischer und lateinamerikanischer Lyriker wurde.

Veröffentlichungen: »Yo soy el otro«, »El aprendiz de brujo«.

NICARAGUA

Ernesto Cardenal (1925). Priester und Dichter. Hat in Mexiko und den USA Literatur studiert. Kämpfte gegen die Diktatur des Generals Anastasio Somoza, wurde gefoltert und ins KZ gesteckt. War Novize bei Thomas Merton im Trappisten-Kloster von Gethsemany, hielt sich im Benediktiner-Kloster von Cuernavaca auf und lebt seit einigen Jahren, zusammen mit Freunden, in einer Kommune auf Solentiname im Großen See von Nicaragua. Seine Lyrik ist eine engagierte Prosa-Lyrik, die die jüngste Entwicklung der Lyrik in Lateinamerika entscheidend beeinflußt hat. Er gehört zur »Generation von 1940«, zu der Ernesto Mejía Sánchez und Carlos Martínez Rivas zählen. Seine Lyrik wurde in viele Sprachen übersetzt. Seine »Psalmen« sind inzwischen allein in Deutschland in mehr als 80 000 Exemplaren verkauft worden.

Veröffentlichungen: (1960) »La hora O«, (1960) »Gethsemany Ky«, (1964) »Salmos«, (1965) »Oración para Marilyn Monroe y otros poemas«, (1966) »El estrecho dudoso«, (1967) »Homenaje a los indios americanos«, (1970) »Vida en el amor«, (1972) »En Cuba«, (1973) »Canto Nácional«. Übersetzungen: ([6]1974) »Zerschneide den Stacheldraht«, ([2]1974) »Das Buch von der Liebe«, (1972) »In Kuba«, (1973) »Für die Indianer Amerikas«, (1974) »Orakel über Managua«, ([2]1973) »Gebet für Marilyn Monroe«. Alle Übersetzungen erschienen im Peter Hammer Verlag, Wuppertal.

Pablo Antonio Cuadra (1912). Journalist, Professor, Dramaturg und Lyriker. Gehört zusammen mit José Coronel Urtecho und Joaquín Pasos zu den Vätern der neueren nicaraguanischen Dichtung. Ist Herausgeber der Zeitschrift »El pez y la serpiente« und der literarischen Beilage der Zeitung »La Prensa«. Zusammen mit Urtecho und Pasos begründete er die Zeitschrift »Vanguardia«.
Veröffentlichungen: (1933) »Poemas nicaraguenses«, (1954) »La tierra prometida«, (1959) »El jaguar y la luna«, (1971) »Cantos de Cifar«. Seine Dichtung bis zum Jahre 1960 liegt gesammelt vor in »Poesía 1929–1960« (Madrid 1964).

Ernesto Mejía Sánchez (1923). Dichter und Literaturwissenschaftler. Er lehrte lange Zeit an der Universidad Autónoma de México. Er gab von 1942–1944 die »Cuadernos del Taller San Lucas« heraus. Seine Poesie zeichnet sich durch formale Perfektion aus.
Veröffentlichungen: (1947) »Ensalmos y enjuros«, (1948) »La carne contigua«, (1953) »El retorno«, (1955) »Contemplaciones europeas«. Seine Poesie liegt jetzt gesammelt vor in: »Recolección« (León 1972).

Beltrán Morales (1944). Gehört zur Gruppe der »Generación Traicionada«. Hat in Spanien und Mexiko gelebt. Seit einigen Jahren lehrt er in San José (Costa Rica).
Veröffentlichungen: (1968) »Aproximaciones«, (1969) »Algún sol«, (1972) »Agua regia«. Die hier ausgewählten Gedichte stammen aus der 1972 erschienenen Sammlung.

Raúl Orozco (1946). Hat Gedichte und Artikel in verschiedenen mittelamerikanischen Zeitschriften veröffentlicht. Gehört wie B. Morales zur »Generación Traicionada«.
Veröffentlichungen: (1973) »Pequeño tiempo«.

José Coronel Urtecho (1906). Gründete, nachdem er mit 21 Jahren von einem längeren Aufenthalt aus den USA zurückkam, die Zeitschrift »Vanguardia«, in der maßgeblich Pablo Antonio Cuadra und Joaquín Pasos mitarbeiteten. Er hat nacheinander neoklassische, surrealistische und – wie er sie nennt – exterioristische Gedichte veröffentlicht. Alle Gedichte sind geprägt von einer großen Liebe zu seinem Land und zu seinen Mitmenschen.
Veröffentlichungen: Seit einigen Jahren liegen seine Gedichte zum erstenmal gesammelt vor. Als Titel wählte er einen griechischen Namen. (1972) »Pol-la d'ananta katanta paranta«.

PÁNAMA

Ricardo Zarak (1947). Praktisch unveröffentlicht. Hat die Zeitschrift »Quijote 20« herausgegeben. Seine Gedichte erschienen in verschiedenen literarischen Zeitschriften Lateinamerikas (»Cormorán y Delfín« VI, »Viaje«, Nr. 19).

PARAGUAY

Rubén Bareiro Saguier (1930). Lyriker, Literatur- und Sprachwissenschaftler. Lehrt seit Jahren die Indio-Sprache seines Landes, Guaraní, an der Universität von Nanterre in Paris. Er wurde 1972, anläßlich einer Reise in sein Heimatland, vom Regime Strössner gefangengenommen und erst nach einem weltweiten Protest wieder freigelassen. Die »Misa para un continente« vertonte der paraguayische Komponist Francisco Marín.

Veröffentlichungen: (1964) »Biografía de ausente«, (1971) »Ojo por diente«.

Lincoln Silva (1945). Journalist, Erzähler und Lyriker. Er lebt seit einigen Jahren in Buenos Aires im Exil. Arbeitet dort als Journalist. Er hat vor allem Amerika bereist. Seine Prosa wurde von García Márquez und Roa Bastos beeinflußt. Seine Gedichte sind bisher unveröffentlicht.

Veröffentlichungen: (1970) »Rebelión después«, (1975) »General, General«.

PERU

Washington Delgado (1927). Delgado stammt aus Cuzco, der alten Inka-Stadt Perus. Sein Werk wandelte sich von einer nichtengagierten lyrischen Poesie zu einer, die Alltagssprache verwendenden, Poesie des Engagements mit den Armen.

Veröffentlichungen: (1954) »Formas de la ausencia«, (1957) »Días del corazón«, (1959) »Para vivir mañana«. Aus seiner letzten Gedichtsammlung entnehme ich das Gedicht »Reine Gedanken«.

Javier Héraud (1942–1963). Studierte an der kath. Universität von San Marcos in Lima. Erhielt 1960 als erster den Preis »El Poeta joven del Peru« für sein Buch »El viaje«. 1963 wurde er vom Regime ermordet. Seine Leiche fand man im Fluß Madre de Dios, von dreißig Kugeln durchlöchert.

Veröffentlichungen: (1960) »El río«, (1961) »El viaje«, (1961) »Estación reunida«, (1961) »Poemas de la tierra«, (1961) »Viajes imaginarios«. Seine Poesie liegt gesammelt vor: (1964) »Poesías completas y homenaje«.

Alberto Hidalgo (1897–1966). Hidalgo begann ein Medizinstudium, später Literaturwissenschaften. Seit 1920 lebte er in Argentinien, wo er 1926 die Zeitschrift »Revista oral« gründete. Seine von ihm initiierte Literaturströmung des »Simplismo« muß man als eine der vielen Strömungen der Vanguardia in den zwanziger Jahren verstehen. Stand unter kubistischen und futuristischen Einflüssen. Zeitweilig findet er eine Sprache, die an Vallejo erinnert.

Veröffentlichungen: (1917) »Panoplia lírica«, (1923) »Química del espíritu«, (1925) »Simplismo«, (1938) »Dimensión del hombre«, (1953) »Carta a Perú«, (1960) »Patria completa«, (1962) »Poesía inexpugnable«.

Edgardo Tello (1942–1965). Tello ist, wie J. Héraud, für seine Ideale der sozialen Gerechtigkeit in seinem Land gefallen. Seine Gedichte sprechen eine einfache Sprache und sind von der Lyrik Hérauds beeinflußt worden. Er hatte nicht mehr die Zeit, die Gedichte seines postum erschienenen Buches »Las puertas de la esperanza« zu korrigieren.

Veröffentlichungen: (1970) »Las puertas de la esperanza«.

César Vallejo (1892–1938). Vallejo gehört mit Neruda zu der Vätergeneration der engagierten Lyrik in Lateinamerika. Begann als Postmodernist und findet zu einer präzisen Sprache des menschlichen Mitgefühls und politischen Engagements. Lebte von 1923–1929 in Paris, ging dann nach Spanien; nahm am Spanischen Bürgerkrieg teil, organisierte mit Neruda die Emigration der spanischen Republikaner nach Mexiko und anderen lateinamerikanischen Staaten.

Veröffentlichungen: (1918) »Los heraldos negros«, (1922) »Trilce«, (1938) »España aparta de mí este caliz«, (1939) »Poemas humanos«; Romane: (1931) »Tungsteno«.

EL SALVADOR

Roque Dalton (1933–1975). Steht in der Tradition Nerudas und Vallejos. Lebte in Mexiko, der CSSR und in Kuba. Verband schon sehr früh den politischen Kampf mit seinen literarischen Neigungen. Für das Buch »Taberna y otros lugares«, das während seines Exils in der CSSR entstanden ist, erhielt er 1969 den Preis der »Casa de las Americas«. Wie er selbst sagt, hat seine Poesie sich vom poesía-canto à la Neruda zu einer ideologisch aufgeladenen Prosa-Lyrik hin gewandelt, die das politische Geschehen in seinem Lande und in anderen lateinamerikanischen Staaten beleuchtet. Er wurde 1975 erschossen.

Veröffentlichungen: (1961) »La ventana en el rostro«, (1962) »El mar«, (1963) »El turno del ofendido«, (1964) »Los testimonios«, (1968) »Poemas«, (1971) »Los pequeños infiernos«. Die hier veröffentlichten Gedichte entnehme ich seiner ersten Gedichtsammlung.

URUGUAY

Mario Benedetti (1920). Lyriker, Erzähler, Kritiker und Journalist. Gehört zum Mitarbeiterstab der Zeitschrift »Casa de las Américas«. War Redakteur von »Marcha«, »Número«, »La Tribuna Popular« und »El Diario« in Montevideo. Er versteht seine Poesie – wie N. Parra – als Antipoesie. Er verließ Uruguay 1973 und gab für die Zeitschrift »Crisis« die Buchreihe »Ésta América« heraus, in der junge lateinamerikanische Autoren zu Wort kommen. Aus Furcht vor den Mörderbanden der AAA ging er 1975 nach Peru ins Exil.

Veröffentlichungen: (1948–1950) »Sólo mientras tanto«, (1953–1956) »Poemas de la oficina«, (1962–1963) »Noción de patria«, (1964–1965) »Próximo prójimo«, (1965/66) »Contra los puentes levadizos«, (1967) »A ras de sueño«, (1969) »Versos para cantar«, (1968/69) »Quemar las naves«. Seine Lyrik liegt gesammelt vor: (1970) »Inventario ’70«.

Selva Marquez (1903). Stand der kommunistischen Partei nahe. Gehörte zur Generation Liber Falcos und Denis Molinas. In ihrer Lyrik sind Einflüsse Nerudas, Lorcas und Rilkes spürbar.

Veröffentlichungen: (1935) »El viejo reloj de cuco«, (1937) »Dos«, (1941) »El gallo que gira«.

Daniel Viglietti. Ist der bedeutendste Protestsänger des politischen Liedes in Uruguay.

Platten: »Canto Libre« (Montevideo, Productor Fonográfico), »Canciones chuecas« (Montevideo, R. Y. R. Gioscia).